JUGER

Spirale sécuritaire, libertés en danger

Imprimé en France *Printed in France*
ISBN : 978-2-7082-4157-2

Serge Portelli

JUGER

Spirale sécuritaire, libertés en danger

LES EDITIONS DE L'ATELIER

Les Editions Ouvrières
51-55 rue Hoche
94200 Ivry-sur-Seine

INTRODUCTION

L'impossibilité d'être juge

Il est impossible d'être juge, c'est pourquoi il ne peut s'agir, au mieux, que d'un métier. On peut être peintre parce qu'on a le don de la peinture, musicien parce qu'on a le don de la musique, mais on ne peut pas être juge parce qu'on a le don de juger. Le don de juger n'existe pas. Quel homme pourrait être assez présomptueux pour en juger un autre ? Qui pourrait être assez sage, assez probe, assez vertueux, assez juste ? Qui oserait soutenir qu'il a la vocation de ce métier, qu'il s'y est senti appelé par je ne sais quelle voix intérieure ?

Décider du sort d'un enfant, dire avec lequel des parents il vivra. Laisser en liberté ou placer en prison. Laisser vivre une société ou la liquider. Trancher qui est coupable, qui est innocent. Il faut bien, au sein d'un peuple, en désigner quelques-uns pour assurer ces tâches impossibles, en sacrifier un petit nombre, serait l'expression la plus juste, tant la mission est folle. Juger n'est donc pas un honneur, mais une charge qu'on ne peut accepter qu'à regret. Une source non pas de gloire, mais d'humilité permanente. Une impérieuse exigence de modestie et de doute. On ne peut accepter cette mission impossible qu'en revendiquant – bien plus qu'en acceptant – d'être surveillé, contrôlé, soumis au regard constant d'un peuple inquiet de sa délégation, loin de toute fierté, à l'opposé du moindre orgueil, sans pompe, sans médaille, sans apparat.

La mission du juge, puisque juge il doit y avoir, est de « rendre la justice ». Mais comment savoir ce qu'est une décision « juste » ? Par rapport à qui ? Par rapport à quoi ? Quel appareil, quel logiciel peuvent mesurer cette « justice »-là ? Si le juge n'était que cet automate rêvé par les Révolutionnaires, ces questions n'auraient même pas de sens. Une machine sans âme, ni état d'âme, n'aurait effectivement pas grande difficulté à être « juste ». Il suffirait de savoir lire, la loi étant censée régler tous les problèmes. Il s'agit là d'un pur fantasme. Aucun législateur ne peut être assez prévoyant : la loi, écrivait déjà Aristote[1], est faite pour le général et non le particulier. Il est donc inutile d'attendre d'elle ce qu'elle ne peut donner. Se contenter de juger l'acte sans se soucier des hommes qui y ont participé est la pire des injustices. Ce fantasme mathématique est toujours vivace. Nombre de législateurs édictent encore des lois prévoyant des peines fixes, appelées « peines plancher » en France, pour forcer la main des juges : lois heureusement rares mais aveugles, prétentieuses et sévères qui méprisent les hommes et les poussent à la révolte. Le plus souvent, le juge, tâtonnant parmi des lois bavardes, part à la recherche de la justice. Alphonse Karr, obscur écrivain français du XIXe siècle, eut cet éclair : « On fait toujours semblant de confondre les juges et la justice, comme les prêtres avec Dieu. C'est ainsi qu'on habitue les hommes à se défier de la justice et de Dieu[2]. »

Juger, c'est inévitablement échouer. Confier la justice à un homme plutôt qu'à une machine, c'est se fixer comme règles du jeu l'approximation, l'erreur, bref, l'imperfection. Elle ne peut être que bancale, partiale, inégale et incertaine. C'est pourquoi elle a toujours été en crise. À tous les siècles, sous toutes les latitudes. C'est sa nature même. Et c'est pourquoi il est bon que les hommes s'en méfient.

Cependant ce métier impossible, cette mission improbable ne sont ni vains, ni absurdes. Car la demande de justice est là, plus que jamais. La soif de justice ne sera jamais étanchée. Les révoltes contre l'injustice et l'arbitraire n'ont jamais baissé d'un ton, comme si l'inadéquation perpétuelle

---

1. « La loi est toujours quelque chose de général, et qu'il y a des cas d'espèce pour lesquels il est impossible de poser un énoncé général qui s'y applique avec rectitude. » Aristote, *Éthique à Nicomaque*, livre V, chapitre 14, 1137b.

2. Alphonse Karr, *Une poignée de vérités. Mélanges philosophiques*, Paris, Michel Lévy frères, 1858.

entre un idéal inaccessible et une réalité toujours décevante était un des moteurs les plus puissants de l'humanité.

Ce livre, modeste, émaillé de récits de vie, prend acte de cette imperfection originelle, de ce gauchissement essentiel que rien ni personne ne pourra jamais redresser. Mais si la justice est une exigence sociale, si elle est nécessairement infiltrée des contraintes du pouvoir, elle peut aujourd'hui acquérir une légitimité nouvelle, susceptible d'en changer la nature même. Cette légitimité tient au rôle nouveau assigné à toutes les justices du monde depuis les abominations de la dernière guerre mondiale et le sursaut des consciences qui s'en est suivi : la sauvegarde des libertés. Cette mission fondatrice n'est pas seulement l'apanage des grandes cours nationales ou internationales : elle est le devoir du moindre petit juge. Et dans ce mandat-là peuvent se lire, une à une, toutes les obligations d'une justice démocratique.

L'autre socle est tout simplement l'humanité. Pas une humanité abstraite, morale, mais fondée sur tout ce que les sciences humaines nous ont appris de l'homme depuis quelques siècles : tout un savoir – très largement au-delà du droit – à la disposition des juges, des avocats, des experts, etc. C'est ce savoir, lentement acquis, qui seul permet de comprendre les hommes et leurs actes, mais aussi d'humaniser l'ensemble du fonctionnement d'un appareil toujours tenté par la froideur, la rapidité, la rentabilité au détriment de l'essentiel : l'homme.

Les deux dossiers se suivent, à la même audience. Le premier prévenu, la trentaine, Africain, avait détourné près de 50 000 € de la banque où il travaillait. Il est condamné à trois mois d'emprisonnement avec sursis. Le second, la quarantaine, avait escroqué une société de crédit de près de 10 000 €, cinq fois moins que l'autre. Il est condamné à quatre mois de prison ferme. Quelle justice ? L'injustice semble patente. Et pourtant...

Le premier était riche. Il était resté deux jours en prison, en détention provisoire, le temps que son père, richissime homme d'affaires et homme politique en Afrique, réunisse une caution couvrant au-delà même du préjudice. L'homme était humble mais, de par sa famille, il était riche, occupant l'immense appartement parisien appartenant à son père et qu'il avait regagné en sortant de prison. Pourquoi avait-il commis ce détournement, lui, brillant étudiant, promis à un bel avenir ? Lui qui n'avait jamais été condamné et craquait soudain, peut-être sous le poids de ce père qui voulait en faire son successeur ?

L'autre était pauvre. Il était étranger, originaire d'un pays de l'Est. Abandonné à l'âge de deux ans par ses parents qui avaient divorcé, recueilli par des voisins, puis expatrié en France chez des grands-parents qui allaient rapidement divorcer, il se retrouvait à onze ans en foyer. Quelques années plus tard, il rencontrait la drogue, commettait des vols et un jour, pour un trafic un peu plus vaste, était condamné à quatre ans de prison. À sa libération, il se retrouvait sans papiers, son passeport et son titre de séjour avaient disparu. Le juge l'avait placé quatre mois en détention provisoire. Pas question de caution pour lui. Le jour de l'audience il n'était pas là, son avocat non plus.

À ne peser que les actes, à mesurer le préjudice, celui qui a bénéficié d'un sursis aurait dû aller en prison et inversement. Mais les armes étaient inégales. Les existences n'étaient pas les mêmes. Évidemment, il y avait un riche et un pauvre. L'un pouvait effacer ou presque le délit en indemnisant, l'autre ne rembourserait jamais rien. Un casier judiciaire vierge et l'autre déjà condamné. De l'un on pouvait tout espérer, comme le soulignait son brillant avocat, de l'autre tout était à craindre.

Partie I

LA SERVITUDE VOLONTAIRE DES JUGES

Chapitre 1

LA CONFUSION ORIGINELLE

Robespierre disait de la justice qu'elle était « le plus terrible pouvoir[1] ». L'ancien avocat l'expérimenta jusqu'à l'échafaud. Montesquieu ne disait rien d'autre : « [...] la puissance de juger, si terrible parmi les hommes[2] ». Être juge, c'est, en premier lieu, exercer un pouvoir. Il suffit de s'approcher d'un palais de justice pour s'en apercevoir immédiatement : les grilles, les portiques, les gardes, la solennité... Il suffit d'entrer dans une salle d'audience pour le constater : l'estrade, les robes, les gardes encore... Mais en quoi consiste ce pouvoir ? En quoi se distingue-t-il de l'appareil d'État ? A-t-il une réelle autonomie ou n'est-il qu'une facette du pouvoir en place ?

Ces gardes aux portes des palais de justice protègent-ils les juges ou les retiennent-ils ?

L'histoire nous apprend que les juges ont pendant très longtemps fait partie du pouvoir dont ils ne se sont distingués – techniquement – qu'avec peine et lenteur. Loin d'être ces magistrats indépendants qu'imaginent les démocraties et qu'attendent les citoyens, ils n'étaient en fait qu'un rouage de l'appareil d'État. Leur « terrible pouvoir » était plus au service du Prince que de la justice. Chacun y trouvait son intérêt, sauf le justiciable : le gouvernant en disposant d'un allié dont la turbulence cachait à peine la complaisance ; le juge en assurant sa vanité et son confort au prix de ses services. Tout un

1. Robespierre, discours du 7 avril 1790 sur l'institution des jurés, *Œuvres* de Maximilien Robespierre, Carrel Armand, volume I, p. 59.

2. Montesquieu, *De l'Esprit des lois* [1748], livre XI, Paris, Flammarion, coll. « GF Flammarion », 1979, chapitre 6 : « De la Constitution d'Angleterre », p. 296.

système de servitude volontaire qui a trouvé son accomplissement et son terme dans la dictature de Vichy.

L'image du juge

L'image du juge reste attachée à des périodes archaïques. Il suffit de demander autour de soi le nom d'un juge célèbre. Surgissent alors, aux côtés de quelques magistrats contemporains médiatisés par des affaires célèbres, des noms qui ont traversé les siècles, indifférents aux évolutions. Ce souvenir persistant de Salomon et de saint Louis, nous montre bien que – ne serait-ce que dans la mémoire collective – du prince au juge, la distance est faible.

Salomon

S'il est une figure de juge universellement connue et qui appartient à l'histoire depuis presque les débuts de l'humanité, c'est bien Salomon. Du juge, on ne connaît que son fameux jugement. Deux prostituées se présentent devant lui. Elles avaient accouché à trois jours d'intervalle. L'un des enfants était mort. Elles se disputaient le survivant. Le roi ordonna qu'on le coupât en deux. L'une renonça, préférant laisser l'enfant vivre. L'autre acquiesça au verdict. Salomon donna alors l'enfant à la première. « Tout Israël apprit le jugement que le roi avait prononcé. Et l'on craignit le roi, car on vit que la sagesse de Dieu était en lui pour le diriger dans ses jugements[3]. » Ainsi naquit la légende. À partir d'un jugement très discutable, utilisant des méthodes de pression psychologique inquiétantes et qui auraient très bien pu échouer. Que se serait-il passé si l'autre femme avait, elle aussi, renoncé à l'enfant ? Et que sait-on de la psychologie de cette mère qui s'efface, mais qui était peut-être la plus rusée ou la moins perturbée des deux ? Salomon était-il un grand spécialiste de la psychologie féminine ? Ce sont les femmes qui l'ont perdu, nous dit la Bible. Ce grand juge avait sept cents princesses pour femmes et trois cents concubines. Elles l'ont éloigné du Dieu d'Israël. Psychologue mais aussi sage, nous dit-on. Au début de son règne, Dieu lui demande ce qu'il souhaite. Il répond : « Un cœur intelligent pour ton peuple, pour discerner le bien et le mal. » Dieu lui dit alors : « Je te

3. Premier livre des Rois 3, 28.

donnerai un cœur sage et intelligent. » Salomon mérite-t-il cette réputation ? Il est avant tout un roi, un roi extrêmement puissant, mais d'une terrible cruauté qui ne dépare pas son époque. Au début de son règne, il fait tuer ses ennemis sans hésiter. Sagesse toute relative mais qui fit sa légende.

Saint Louis

Saint Louis est, lui aussi, resté comme le symbole du juge sage. La figure de saint Louis, rendant la justice sous son chêne, relève de la même iconographie. A-t-elle plus de sens ? Certes, ce roi a été l'un des fondateurs du royaume de France et de l'État moderne. Il a largement développé l'administration de la justice et les lois de procédure. Le duel a été interdit et la torture réglementée. Il est surtout resté dans la mémoire collective comme étant lui-même un modèle de justice. Saint Louis a permis aux justiciables d'avoir recours à la justice royale contre les décisions de ses vassaux. Joinville, dans son ouvrage, *Vie de saint Louis*[4], raconte comment, après la messe, le roi se rendait au bois de Vincennes, s'adossait à un chêne et invitait ses proches à s'asseoir autour de lui. Ceux qui avaient un procès à lui soumettre s'approchaient librement et il les écoutait. Nous ne savons rien des décisions qu'il a pu ainsi rendre. Il n'y a pas d'équivalent du jugement de Salomon. En fait, la sagesse de saint Louis nous est connue par ses médiations entre les souverains de l'époque et les guerres qu'il a pu éviter, même s'il fut un partisan inconditionnel des croisades. Louis IX, mort en 1270, a été canonisé de façon expéditive, en 1297. Trop tôt à l'évidence. Qui se souvient qu'il bannit un moment les juifs refusant de se convertir, qu'il fit condamner et brûler le Talmud et qu'il fut le premier à faire porter une rouelle jaune aux Juifs ?

Dans la main du pouvoir

Si l'on regarde ainsi, au plus loin de l'histoire, le juge n'existait pas : Salomon était le roi, le juge et le législateur. Tous ces pouvoirs, indifférenciés, à l'origine, dans la main du souverain, se sont très lentement distingués. L'évolution n'a pas été constante. Ce que l'on peut considérer comme un

4. Joinville, *Vie de saint Louis* [1307], Paris, Le Livre de Poche, coll. « Lettres Gothiques », 2002.

progrès de civilisation a connu des avancées, des soubresauts, des reculs... La justice n'est jamais qu'un démembrement de ce pouvoir central archaïque où la fonction de juger se confondait avec tous les autres pouvoirs. Le juge est le produit de lentes différenciations. Peu à peu se distinguent du pouvoir exécutif, celui de faire les lois et celui de juger. Et au sein de la justice, des fonctions se spécialisent tout aussi lentement : celle d'accuser, celle de défendre, celle de juger. La fonction de juger se subdivise elle-même progressivement en de multiples tâches et contentieux. C'est de l'équilibre entre tous ces pouvoirs, de l'interaction entre toutes ces fonctions, de la cohérence entre tous ces contentieux que naît la possibilité de juger. Une telle évolution de l'espèce nous paraît aujourd'hui irréversible. Mais cette vision darwinienne de la justice est-elle exacte ?

La justice n'est-elle pas toujours dans la main du pouvoir ? Où est sa force ? « De combien de divisions dispose-t-elle[5] ? » Toute l'impuissance de la justice est là : la force est ailleurs. « Ne pouvant faire que ce qui est juste fût fort, on a fait que ce qui est fort fût juste[6]. »

Le juge est un pouvoir sans pouvoir. Il n'a pas d'armée. La police est certes sous ses ordres, mais elle lui est simplement prêtée. Les policiers savent parfaitement de qui ils dépendent. S'ils ont à choisir entre les ordres d'un juge et ceux du gouvernement, ils n'hésitent pas un instant : ils se rangent du côté du vrai pouvoir, celui qui les paie, les note et assure leur carrière.

C'est pourquoi les juges ont toujours été traités avec une certaine condescendance quand ce n'est pas avec mépris par les gouvernements. Ils étaient dans la main du pouvoir. En France, le roi était considéré, selon une expression riche d'enseignement, comme « fontaine de justice ». En lui étaient réunis tous les pouvoirs. Il était source de droit. Une des principales manifestations de son autorité était la promulgation des règles de droit. Charles VII avait eu cette intelligence d'ordonner en 1454, la codification de toutes les coutumes des provinces du royaume[7], cherchant à s'assurer l'exclusivité de production des lois et inaugurant une longue tradition. Non seulement la loi était de son fait, mais son application aussi. Certes, il

5. Staline, discutant avec Laval, en mai 1935, évoque la situation des catholiques en URSS et du Vatican : « De combien de divisions dispose-t-il, lui ? » ironisait-il.

6. Pascal, *Pensées*, Paris, Flammarion, coll. « GF Philosophie », 1976, 298-299, p. 137-138.

7. Ordonnance de Montils-lès-Tours, avril 1454.

existait des Parlements mais les rois, lorsqu'ils ne les utilisaient pas pour asseoir leur autorité, n'avaient de cesse de les maintenir en lisière du pouvoir et de les rabaisser tant qu'ils pouvaient. Ils furent souvent « exilés » quand ils n'étaient pas muselés dans leur pouvoir de remontrance. Le roi avait toujours, en théorie, le dernier mot. Si un Parlement refusait d'enregistrer un acte royal, le souverain se déplaçait et l'imposait selon une procédure appelée « lit de justice ». L'un des plus terribles fut l'œuvre de Louis XV qui vint en personne le 3 mars 1766 au Parlement de Paris et en profita pour exposer, dans un discours cinglant, sa conception du rôle du juge qui reflète assez bien celle de l'Ancien Régime et, au-delà, celle de nombreux régimes.

> « Je ne souffrirai pas qu'il se forme dans mon royaume une association qui ferait dégénérer en une confédération de résistance le lien naturel des mêmes devoirs et des obligations communes, ni qu'il s'introduise dans la monarchie un corps imaginaire qui ne pourrait qu'en troubler l'harmonie ; la magistrature ne forme point un corps, ni un ordre séparé des trois ordres du royaume ; les magistrats sont mes officiers chargés de m'acquitter du devoir vraiment royal de rendre la justice à mes sujets, fonction qui les attache à ma personne et qui les rendra toujours recommandables à mes yeux[8]. »

La suite du discours est tout aussi édifiante :

> « C'est en ma personne seule que réside la puissance souveraine, dont le caractère propre est l'esprit de conseil, de justice et de raison ; que c'est de moi seul que mes cours tiennent leur existence et leur autorité ; que la plénitude de cette autorité, qu'elles n'exercent qu'en mon nom, demeure toujours en moi, et que l'usage n'en peut jamais être tourné contre moi ; que c'est à moi seul qu'appartient le pouvoir législatif, sans dépendance et sans partage ; que c'est par ma seule autorité que les officiers de mes cours procèdent, non à la formation, mais à l'enregistrement, à la publication, à l'exécution de la loi, et qu'il leur est permis de me remontrer ce qui est du devoir de bons et utiles conseillers ; que l'ordre public tout entier émane de moi et que les droits et les intérêts de la nation, dont on ose faire un corps séparé du monarque, sont nécessairement unis avec les miens et ne reposent qu'en mes mains. »

La Révolution crut trouver la paix par l'élection des juges, mais le système ne lui survécut pas. Le système de nomination qui lui succéda ne changea pas grand-chose à la fragilité des juges. Restauration, Empire, République... Il suffisait de remplacer les juges. Et les différents régimes ne s'en privèrent pas.

---

8. Procès-verbal de la séance du Parlement de Paris du 3 mars 1766, discours de Louis XV, http://www.scribd.com/doc/2529849/Flagellation-1766 (consulté le 14 mars 2011).

Deux siècles de purges ont maintenu la magistrature dans sa précarité et dans la main fermement serrée du pouvoir réel. En 1815-1816, 1 700 magistrats impériaux furent écartés par le pouvoir royal. Après la révolution de Juillet 1830, l'obligation de prêter serment au roi conduisit 213 magistrats à démissionner, et 486 membres du parquet furent écartés. Des dizaines de magistrats sont révoquées en 1848. Au début du Second Empire, 132 magistrats du siège sont mis d'office à la retraite et un nouveau serment est imposé. Sous la Troisième République, après plusieurs vagues d'épuration et de démissions, en 1883 (loi du 30 août 1883), le gouvernement fit voter une loi qui permit de révoquer 694 magistrats. Sous Vichy, en application des « lois » d'épuration contre les juifs et les francs-maçons, environ 200 magistrats quittèrent leur profession. À la Libération, 363 magistrats furent exclus.

La position fœtale du juge

La main de fer du pouvoir a ainsi maintenu longtemps le juge dans une position fœtale. Ce stade embryonnaire ne s'est jamais totalement effacé de la mémoire collective et ne s'effacera jamais. Il est aussi dans le cerveau reptilien de tous les juges et peut surgir à tout instant. L'histoire est riche de ces périodes où la justice a sombré et s'est recroquevillée sagement dans l'œuf du pouvoir. Dans toutes les périodes de forte tension et de dépression politique, lorsque la société dans son ensemble recule, quand le pouvoir tonne, la justice risque toujours de revenir dans son giron. Régression individuelle ? Énième application de la théorie de Milgram[9] ? L'organisation du pouvoir, la

9. Stanley Milgram a procédé pendant plusieurs années (1965-1974) dans le laboratoire de psychologie à l'Université de Yale à l'expérimentation suivante, celle de mesurer le niveau d'obéissance d'un individu à un ordre qu'il juge légitime. Le but affiché était de tester l'effet d'un choc électrique sur la mémoire. Un élève complice était attaché sur un fauteuil, des électrodes fixées aux bras. L'expérimentateur et le sujet de l'expérimentation se trouvaient dans une pièce voisine, séparée par une cloison vitrée. Le sujet pouvait actionner 30 boutons gradués de 15 à 450 volts, portant les mentions : « choc léger », « choc modéré », « choc fort », « choc très fort », « choc intense », « choc extrêmement intense », « attention choc dangereux » et enfin « XXX ». Le prétendu test de mémoire consistait à apprendre des associations de mots et d'adjectifs. Par exemple « bleu » et « ciel ». Le sujet interrogeait « l'élève » et appuyait sur les boutons à chaque erreur, les chocs électriques étant de plus en plus violents. « L'élève » jouait une souffrance de plus en plus forte, refusant de continuer l'expérience à 150 volts, poussant un cri d'agonie à 279 volts, râlant et ne répondant plus à 300 volts. À chaque hésitation du sujet, l'expérimentateur lui

Constitution d'un État, le statut des juges ont plus d'importance que toutes les considérations psychologiques ou personnelles. La servitude s'organise. C'est une fois instituée qu'elle devient une habitude, celle qu'Étienne de La Boétie désigne comme la source essentielle de l'asservissement [10].

Si la justice de Vichy a été cette déchéance ineffaçable, cette démission extrême, il n'y va pas du caractère des juges de 1941, de leur histoire familiale ou de leur prédisposition particulière à l'obéissance. C'est avant tout qu'elle a été minutieusement préparée par des décennies d'apprentissage et de mise en œuvre de la soumission. C'est une partie de l'histoire de France, mais la leçon est valable pour tous les pays et pour toutes les époques.

La servitude organisée

Au sortir de la Révolution, Napoléon a voulu une magistrature soumise. Et tous ses successeurs ne l'ont pas démenti. « Les gouvernants du XIXe, estime Jean-Louis Debré, fin connaisseur de la politique et de la justice, ont tous bien compris l'utilité politique de rester maître du recrutement et du déroulement des carrières des magistrats [11]. » En effet, tout a été mis à contribution pour attacher solidement les magistrats au bon vouloir du Prince du moment. Les opinions politiques des juges étaient étroitement surveillées et rapportées au sommet du pouvoir. Cette surveillance était minutieusement organisée par les ministres de la Justice dont les circulaires, à l'adresse des chefs de juridiction, demandaient des informations précises sur « la conduite politique » des juges. Tout magistrat souhaitant un avancement devait rechercher des appuis bien placés, qui œuvraient dans la clandestinité des manœuvres de couloir ou délivraient des attestations élogieuses. Les dossiers des juges sont remplis de recommandations de députés, de sénateurs, de préfets, d'ecclésiastiques (selon les époques), de ministres ou de gens bien en cour flattant les mérites de l'impétrant, mais soulignant

---

commandait de continuer, et si, après la quatrième incitation, le sujet refusait de continuer, l'expérience s'arrêtait. L'expérience révélait que 62 % des sujets obéissaient jusqu'au bout et continuaient à administrer des chocs jusqu'à ce qu'on leur dise d'arrêter. Cf. Stanley Milgram, *Soumission à l'autorité*, Paris, Calmann-Lévy, 1974.

10. « La première raison de la servitude volontaire, c'est l'habitude. » Étienne de La Boétie, *De la servitude volontaire ou contr'un*, Paris, Gallimard, coll. « Tel », 1993, p. 79.

11. Jean-Louis Debré, *La justice au XIXe siècle*, Paris, Perrin, 1981, volume I : *Les magistrats*, p. 15.

surtout sa fidélité idéologique. La connaissance et l'appui du chef de l'État, de sa femme ou de ses proches était une garantie absolue de succès. De longues carrières se sont faites ainsi dans le sillage d'hommes politiques et ont valu à leurs bénéficiaires des promotions extrêmement rapides. C'est pourquoi, dans la magistrature, la valeur n'a jamais attendu le nombre des années. Les magistrats étaient les moteurs les plus actifs du système. Au point que certains ministres de la Justice se plaignaient de recevoir ces visites incessantes de juges qui venaient se vendre. On trouve ce constat accablant dans la circulaire d'un obscur ministre en 1852 :

> « Dès qu'une place devient vacante, souvent même avant que la mort ou la retraite du titulaire l'ait rendue disponible, ceux d'entre les magistrats qui se croient des titres à l'obtenir s'empressent, les uns de venir solliciter en personne, les autres d'envoyer des demandes et des lettres de recommandations [12]. »

Les discours de rentrée des cours et tribunaux donnaient lieu à des éloges indécents du gouvernement. Procureurs et présidents rivalisaient de bassesse pour flatter un pouvoir à qui ils devaient tout et dont ils espéraient davantage encore. Pour Jean-Louis Debré, « le développement de ces interventions et de ces recommandations, ce favoritisme et ce népotisme ont véritablement caractérisé et marqué la magistrature du XIXe siècle [13] ».

Cette compromission permanente ne pouvait que s'accompagner d'une servilité équivalente dans l'action judiciaire qui se confondait souvent avec le domaine politique. Juges et procureurs étaient largement mis à contribution pour favoriser la propagande gouvernementale, influencer les élections ou mettre en œuvre la répression politique. Ils se pliaient à ce travail avec un zèle constant. Les procureurs de la République étaient au premier rang de ces serviteurs empressés, en concurrence avec des préfets, eux-mêmes encore plus appliqués. Les condamnations des opposants politiques et de la presse trop critique étaient monnaie courante. On n'en finirait pas d'énumérer les écrivains et les journalistes condamnés ou incarcérés.

Balzac a parfaitement décrit cette complaisance des juges. S'il se trouve dans sa *Comédie humaine* quelques figures de juges intègres, la plupart sont à la recherche de l'avancement, quel qu'en soit le prix. Figure subalterne du

---

12. Circulaire du ministre Delangle du 1er août 1852 à l'adresse des magistrats, cf. Jean-Louis Debré, *La justice au XIXe siècle*, volume I : *Les magistrats*, *op. cit.*, p. 39.

13. Jean-Louis Debré, *La justice au XIXe siècle*, volume I : *Les magistrats*, *op. cit.*, p. 37.

Cabinet des Antiques, le premier substitut Sauvager, résume bien cette magistrature subtilement soumise : « Il offrait le type de ces êtres secondaires à l'affût des circonstances, prêts à tout faire pour parvenir, mais en se tenant dans les limites du possible et dans le *decorum* de la légalité[14]. »

Tout n'est pas à blâmer dans cette justice d'avant 1940. Il y eut quelques éclairs. Quelques magistrats pour sauver l'honneur. Quelques jurisprudences exemplaires. Mais le tableau d'ensemble est accablant. L'état d'esprit de cette magistrature était certes bien différent de celle de l'Ancien Régime, mais, en définitive, sa moralité ne valait pas mieux. Tous les régimes du XIXe siècle et la Troisième République ont été profondément corrompus. Malheureusement cette corruption se retrouvait au sein même de la justice. Les mêmes réseaux d'influence qui traversaient le pouvoir embrigadaient les juges et les asservissaient. Les hommes politiques – sauf ceux de l'opposition du moment – bénéficiaient de passe-droits et d'une impunité presque totale. Combien d'affaires des plus scandaleuses étouffées avec soin ? La quasi-totalité n'arrivait jamais jusqu'au tribunal et quand, par extraordinaire, la presse – à ses risques et périls – avait été trop curieuse et qu'il avait fallu aller jusqu'au bout du procès, ce n'était que de simples mascarades judiciaires.

Quand, en 1887, Daniel Wilson (« Monsieur Gendre »), le gendre du président de la République, Jules Grévy, est démasqué pour avoir fait trafic, entre autres, de légions d'honneur qu'il vendait depuis l'Élysée pour financer ses nombreuses affaires, la justice est évidemment très molle. Quelques comparses écopent de petites peines de prison ou d'amende. Condamné en première instance à deux ans de prison, Wilson est relaxé en appel et, puisqu'il est député, revient siéger à la Chambre.

Dans l'affaire de Panama qui ruina des dizaines de milliers d'épargnants, les juges firent preuve d'une couardise sans pareille. D'innombrables hommes politiques avaient reçu des pots-de-vin. Les « chéquards[15] », disait-on. Un seul d'entre eux fut condamné, le ministre des Travaux publics, Charles Baïhaut. Le plus naïf ? Le plus maladroit ? En 1893, la cour d'assises de Paris lui infligea cinq ans d'emprisonnement.

---

14. Honoré de Balzac, *La Comédie humaine, Le Cabinet des Antiques* [1838-1839], Paris, Gallimard, coll. « La Bibliothèque de la Pléiade », 1976, tome IV, p. 417.

15. Le Parlement avait fini par autoriser, en juin 1888, le lancement d'un emprunt de 720 millions de francs.

L'affaire Caillaux-Fabre-Rochette

L'affaire Caillaux est surtout connue pour l'assassinat, en mars 1914, du directeur du *Figaro*, Gaston Calmette. On oublie le contexte, accablant pour la magistrature de l'époque : l'Affaire étant peut-être la plus exemplaire de sa servilité. Le *Figaro* avait lancé une campagne de dénigrement contre Joseph Caillaux, coupable, entre autres, d'avoir introduit l'impôt sur le revenu. Parmi toutes les révélations du journal, l'une s'apprêtait à faire grand bruit. Il s'agissait de la publication d'un courrier du procureur général de Paris, M. Fabre. Y était relatée une manœuvre judiciaire indigne qu'il avait accepté d'accomplir : sur l'ordre du président du Conseil, il avait demandé qu'une audience du tribunal correctionnel de Paris concernant un escroc notoire, un certain Rochette, aux relations bien placées, comptant notamment Joseph Caillaux, soit reportée[16]. Le but de ce report était, par un subterfuge juridique, de retarder suffisamment le jugement de l'affaire pour qu'elle soit prescrite. Ce procédé scandaleux était un abus de pouvoir caractérisé, aussi grave, si ce n'est plus, que les faits reprochés à Rochette. Le procureur général Fabre avait fini par entreprendre une démarche auprès du président du tribunal. Ce dernier s'était laissé convaincre. L'affaire avait été renvoyée, le dossier prescrit, Rochette blanchi. Voilà très exactement comment fonctionnait cette justice-là. De l'escroc au juge en passant par le politique, l'injustice régnait partout. La justice était aux ordres. Quelques jours avant la publication de la lettre de M. Fabre, Mme Caillaux tirait cinq coups de feu sur le directeur du *Figaro*. Lors de la commission d'enquête parlementaire réunie pour cette affaire, Aristide Briand s'exclamait :

> « Ce procureur, sous sa robe rouge et son hermine, n'a pas eu la conscience assez haute pour résister ? Ah ! La magistrature manque d'indépendance ! Mais que se passe-t-il donc dans les ministères ? J'y suis allé dans les ministères et celui de la justice. La nomination de ces magistrats, leur avancement, leur carrière, leur vie est tout entière entre nos mains. »

L'Affaire est exemplaire de cette justice qui conduit directement à celle de Vichy. Parler de la justice pendant cette longue période, c'est parler des « Affaires ». Avec, à chaque fois, un double scandale : l'escroquerie commise le plus souvent au préjudice de multiples épargnants et le traitement du

---

16. Ce court rapport est publié *in extenso* dans le livre de Jean-Denis Bredin, *Joseph Caillaux*, Paris, Hachette, coll. « Folio Histoire », 1980, annexe 8, p. 471.

dossier par la justice. Traitement qui consiste à l'étouffer le plus rapidement possible pour éviter d'étaler au grand jour les liens et les connivences de toutes sortes entre la délinquance, la politique, la magistrature et la presse. Les affaires ne sortent donc jamais. L'impunité est garantie par les procédés les plus déloyaux. Les procureurs de la République sont la cheville ouvrière de la soumission de la justice. Mais les juges rivalisent de servilité. Quant aux avocats, ils participent au même jeu, aux mêmes intrigues. L'attitude de la justice dans l'affaire Dreyfus contribue quelque peu à sauver l'image de ce monde glauque, mais un sursaut ne peut cacher l'ampleur du drame.

Drame d'autant plus tragique qu'au moment où les puissants et les riches bénéficient de ces régimes de faveur, la justice se montre implacable pour les autres. L'immense majorité des juges est impitoyable pour les faibles, féroce pour les pauvres. Ce terrible pouvoir du juge a pour contrepartie sa terrible soumission.

Cette compromission permanente a contribué au discrédit de la magistrature. Mais elle a fini par avoir des conséquences catastrophiques pour un régime qui se veut une démocratie. Si l'affaire de Panama, ou l'affaire Rochette, grâce aux complaisances judiciaires, n'empêchèrent pas la vie politique de suivre son cours, l'affaire Stavisky, elle, eut des conséquences redoutables pour la République. On retrouve tous les ingrédients du scandale. Au centre, Stavisky, redoutable escroc aux relations très fournies, aussi bien dans la finance, que dans le monde politique ou la magistrature. Or, Stavisky est retrouvé mort le 7 janvier 1934 dans un chalet de Chamonix. « Stavisky se suicide d'un coup de revolver qui lui a été tiré à bout portant », titre *Le Canard Enchaîné*. Cet événement surgit dans un climat de tension extrême. Dans les jours qui suivent, des manifestations de plus en plus violentes sont organisées par les ligues d'extrême droite. Le 27 janvier, le gouvernement Chautemps tombe. Le nouveau cabinet d'Édouard Daladier qui promet de faire la lumière sur l'affaire se heurte à des émeutes de plus en plus violentes. Le 6 février 1934, les ligues organisent de puissantes manifestations. On compte seize morts et des milliers de blessés. Un nouveau gouvernement d'union nationale est formé le 9 février par Gaston Doumergue. La République a failli sombrer. De nouvelles manifestations, organisées par le parti communiste cette fois-ci, font neuf morts. Le 16 février, une commission d'enquête sur l'affaire Stavisky est créée. Le 20, le corps du magistrat Albert Prince est découvert sur une voie ferrée près de Dijon. C'est lui qui avait enquêté, en tant que chef de la section financière du parquet sur l'affaire Stavisky.

Développer les détails de cette Affaire n'apporterait pas grand-chose. L'important est que la compromission grandissante des réseaux politico-criminels discrédite totalement le monde politique. Le Front populaire n'aura ni la force ni le temps de redresser cette situation. La justice, elle, est tombée au plus bas. C'est sur ce corps gangrené qu'intervint la catastrophe de Vichy.

Chapitre 2

JUSTICE ET TOTALITARISME

Vichy n'est pas une surprise. Il est l'apothéose d'un système de soumission. L'avènement de ce régime pourrait ressembler à une péripétie supplémentaire dans l'histoire d'une magistrature vivant dans la servitude. Un serment de plus, quelle importance ? Quelques nouvelles exclusions, habillées autrement ? Quel changement ? Quelques abus de droit, quelques injures à la justice ? Comme d'habitude ! Le maréchal Pétain et les siens parlaient de « révolution », de « révolution nationale » même. Le terme n'était pas usurpé. Il s'agissait bien d'un changement de nature : un autre type de société, un autre type d'homme, un autre type de civilisation. C'était une révolution contre la Révolution, contre la République, contre les droits de l'Homme. Le régime de Vichy était un *ersatz* de totalitarisme, adossé à un vrai totalitarisme et collaborant entièrement avec lui. Quelle est, dans cette société-là, la place de la justice ? Aucune. Pierre Pucheu[1] estimait, selon Joseph Barthélemy[2], que « la justice n'est qu'une branche de l'administration et une branche inférieure ». Et Barthélemy, lui-même, était convaincu que « la liberté n'est pas la fondation des institutions ».

L'exemple nazi

Dans un régime totalitaire, le juge n'existe pas. Il n'y a pas de place pour un tiers. La définition même du totalitarisme est qu'il n'y a aucune limite au

1. Pierre Pucheu fut ministre de l'Intérieur de juillet 1941 à avril 1942.

2. Cf. Joseph Barthélemy, *Ministre de la Justice, Vichy 1941-1943. Mémoires*, Paris, Éditions Pygmalion/Gérard Watelet, 1989, p. 188.

pouvoir, aucun contre-pouvoir, aucune légalité réelle. Pour autant, le droit et l'appareil judiciaire ne sont pas rayés des institutions. Mais leur sens diffère totalement. La justice n'est qu'une des articulations d'un système global, enserrant toutes les relations sociales, elles-mêmes entièrement subordonnées à l'État. La justice du Troisième Reich était évidemment le « modèle » du genre. À partir d'avril 1933, les professions de justice – juges, avocats... – furent interdites aux juifs. Pouvaient, par ailleurs, être révoqués « les fonctionnaires qui en raison de leurs activités politiques antérieures ne présentent pas toutes les garanties sans réserve et de tout instant en faveur de notre État national[3] ». La Ligue nationale-socialiste des juristes allemands créée en 1928 par l'avocat Hans Franck et remodelée en 1936, regroupa obligatoirement toutes les associations professionnelles liées à l'administration de la justice. Elle avait pour mission « d'inculquer aux futurs tenants de l'autorité juridictionnelle l'idéologie nationale-socialiste, support de l'État total ».

La magistrature allemande resta silencieuse devant toutes les arrestations arbitraires, les internements, les innombrables atteintes aux droits individuels, les meurtres, les violences multiples du régime nazi. À partir d'avril 1933, une cour spéciale (*Sondergericht*) fut créée dans chaque ressort du tribunal supérieur du *Land*, chargée de la répression des délits politiques. Les droits de la défense y étaient inexistants. À partir de 1939, un appel extraordinaire avait même été créé, permettant de casser les jugements trop indulgents. À la suite du camouflet infligé par la Cour suprême lors du procès des prétendus incendiaires du Reichstag, Hitler décida en mars 1934 de la création du *Volksgerichtshof* (Tribunal du peuple ou Cour de justice de la communauté raciale populaire). Il s'agissait simplement de se débarrasser radicalement des opposants de toutes sortes. Pour le procureur Parrisius, le but de cette « juridiction » était non « pas de dire le droit, mais d'anéantir les opposants au national-socialisme ». Goebbels estimait, lui, qu'elle n'avait « pas à se soucier de la loi, mais à décider l'élimination[4] ».

En dehors de la répression politique et raciale, les tribunaux ordinaires font preuve d'une sévérité sans égale à l'encontre des délinquants. Pendant les années de guerre, 15 860 condamnations à mort sont prononcées par les

3. Loi de restructuration de la fonction publique du 7 avril 1933.

4. Thierry Feral, *Justice et nazisme*, Paris, L'Harmattan, 1997, p. 42.

tribunaux répressifs ordinaires. Les multirécidivistes, les « asociaux », sont exécutés sans pitié.

> « Le juge, [affirme Hitler], est garant de la perpétuation de la nation. [...] Si, d'un autre côté, je n'extermine pas sans hésiter cette vermine, cela finira un de ces jours par une crise. Il y a des comportements criminels qui excluent un homme de la collectivité. [...] Il faut en finir une fois pour toutes avec l'idée que le juge est là pour dire le droit même si tout doit s'écrouler autour de lui[5]. »

Les individus dangereux peuvent être écartés de la société. La loi du 24 novembre 1933 contre les criminels habituellement dangereux est restée en vigueur bien après 1945[6].

Roland Freilser, juge totalitaire

Roland Freisler fut le prototype du juge nazi. Il présida cette Cour à partir d'août 1942. Jusqu'alors, il avait été secrétaire d'État au ministère de la Justice (1934-1942). À ce titre, il fit partie des quinze dignitaires nazis qui participèrent à la fameuse Conférence de Wanesee, en janvier 1942, au cours de laquelle fut décidée l'organisation de l'extermination des juifs d'Europe[7]. Il reste de nombreux documents filmés des procès présidés par Freisler[8]. On y voit un juge hystérique, hurlant après les accusés qu'il humiliait en permanence. Ce juge sévit jusqu'à sa mort survenue lors d'un bombardement, en février 1945. La peine de mort était sa décision la plus fréquente. Près de 2 600 condamnations à la peine capitale furent ainsi prononcées sous sa présidence.

> « Les commandements de notre action, [estimait-il], les postulats politiques garants de la bonne moralité de notre communauté et qui nous dictent nos jugements, nous sont directement inspirés par le bon sens de notre Communauté nationale-socialiste. [...] Se positionner et fonctionner ainsi, surtout pour un juge, c'est éviter de s'égarer dans le labyrinthe des théories et des hypothèses, c'est se

5. Déclarations d'Hitler le 20 août 1942, lors d'une réunion avec son ministre de la Justice. Cf. Brigitte Oleschinski, *Le Mémorial de Plötzensee*, Mémorial de la Résistance allemande, Berlin, 1994, http://www.gdw-berlin.de/pdf/franzoesisch-screen.pdf (consulté le 14 mars 2011).

6. Voir notamment la décision de la Cour européenne des droits de l'Homme du 17 décembre 2009, Affaire M. c. Allemagne, requête nº 19359/04.

7. Il était en compagnie notamment d'Adolf Eichmann et Reinhard Heydrich.

8. Guido Knopp, *Hitlers Helfer II - Freisler : der Hinrichter*, TV series documentary, mars 1998.

prémunir contre le doute générateur de faiblesse et d'égarement. C'est rester efficace [...]. La loi de notre jurisprudence politique, c'est ce que le Führer exige de nous, ce qu'il nous dicte, ce à quoi il nous incite par son exemple. »

L'exemple de Vichy

« La justice de Vichy » est l'expression exacte. Cette justice-là ressemblait furieusement au régime qu'elle servait. On aurait tort d'imaginer des juges et des procureurs tétanisés. Pour certains, il ne s'agissait que d'une « mauvaise saison », selon la douce expression employée par l'ancien président de la Cour de cassation, Maurice Aydalot, dans ses mémoires[9]. Pour d'autres, ce nouveau gouvernement était l'accomplissement d'un idéal d'ordre. Il ne pouvait y avoir aucune ambiguïté dans la nature de ce pouvoir, pas plus qu'il n'y avait d'équivoque sur le rôle qui allait être dévolu aux magistrats.

Comment se méprendre sur ce qu'entreprenait le maréchal Pétain ? Le racisme et l'antisémitisme étaient parmi les principaux ressorts de sa politique. Les premières mesures, prises expressément, dans ce domaine dessinaient immédiatement la nature du régime. Le statut des juifs est adopté dès le 3 octobre 1940[10].

> « Nous, Maréchal de France, chef de l'État français,
> Le Conseil des ministres entendu,
> Décrétons
> Article 1er. – Est regardé comme juif, pour l'application de la présente loi, toute personne issue de trois grands-parents de race juive ou de deux grands-parents de la même race, si son conjoint est lui-même juif.
> Article 2. – L'accès et l'exercice des fonctions publiques et mandats énumérés ci-après sont interdits aux juifs...
> 1... membres du Conseil d'État..., Cour de cassation, Cour des comptes..., cours d'appel, tribunaux de première instance, justices de paix... »

Certes, les magistrats avaient l'habitude des épurations. Mais il ne s'agit pas ici d'épuration, mais de « purification ». Les hommes écartés ne sont pas exclus pour leurs idées ou leurs engagements. Ils sont exclus parce qu'ils sont juifs.

---

9. Maurice Aydalot, *Magistrat*, Paris, Robert Laffont, 1976, p. 212.

10. Michaël R. Marrus, Robert O. Paxton, *Vichy et les Juifs*, Paris, Le Livre de Poche, coll. « Biblio Essais », 1990, p. 610.

Comment peut-on continuer à servir dans un corps d'État quand un pays adopte de telles lois, bafouant toutes les valeurs humaines qui avaient jusque-là fondé son identité ? Si la question ne se pose pas seulement pour les juges, mais pour tous les fonctionnaires, elle est néanmoins encore plus terrible pour la magistrature qui a pour charge d'appliquer ces lois. La simple lecture de ce texte, sans attendre la suite, aurait dû entraîner la démission immédiate de tous les juges. Le corps des magistrats avait l'habitude, depuis un siècle et demi, de ces démissions de masse, quand leurs consciences se révoltaient. Là, toute honte bue, les consciences se sont tues.

La poignée de main entre le maréchal Pétain et Adolf Hitler, trois semaines plus tard, le 24 octobre 1940, à Montoire, ne laissait plus le moindre doute sur la collaboration avec un régime totalitaire en place depuis sept ans. Il était certain que la démocratie était reniée, la République abolie et que tous les principes les plus essentiels du droit allaient être bafoués.

Il n'y avait plus de place pour le métier de juge. Il s'agissait de servir une politique, d'être un simple rouage sans la moindre autonomie. Le message était parfaitement clair. On demandait, sans le moindre humour, aux juges non plus de rendre la justice, mais des services. Lorsque le ministre de la Justice, Raphaël Alibert, vient, le 29 août 1940, présider l'Assemblée générale du Conseil d'État, il prévient ces « hauts » magistrats : « Vous serez désormais appelés à rendre au pays et au gouvernement les services que vous leur devez [11]. »

Aucune protestation face à ces lois monstrueuses. Les juges se taisent. Et ce silence durera même lorsque le régime se durcira pendant l'été 1941. Ne pas gâcher sa carrière qui pourrait être menacée par une trop molle adhésion au nouvel ordre juridique. Car l'inamovibilité n'existe plus. Une loi du 17 juillet 1940 l'avait suspendue jusqu'au 31 octobre. Mais elle sera prorogée jusqu'à une loi du 21 septembre 1942 qui la prolongera « jusqu'à la fin des hostilités ». Le rapport, précédant l'une de ces lois, en mars 1941, explique clairement ce qu'on attend des « cadres de l'administration publique » : il faut les renouveler « en écartant les éléments qui, en raison, soit de leur origine, soit de leur activité antérieure se montrent incapables de collaborer sincèrement et efficacement à l'œuvre de rénovation nationale [12] ».

11. Cité dans Jean-Pierre Royer, *Histoire de la justice en France*, Paris, PUF, 1995, p. 701.

12. Rapport de la loi du 29 mars 1941, *Journal officiel*, 31 mars 1942, p. 1386.

Les sections spéciales et leurs juges

L'adhésion des magistrats au régime de Vichy ne se limite pas à cette collaboration « sincère et efficace ». Durant l'été 1941, se lève ce que le maréchal Pétain appelle un « vent mauvais[13] ». Le mécontentement et la colère commencent à monter dans le pays, la résistance à s'organiser. Le 21 août, un aspirant de la marine allemande est tué à Paris, à la station de métro Barbès-Rochechouart, par un militant communiste, Pierre Georges (le futur colonel Fabien). L'occupant allemand demande l'exécution de six otages. La décision est alors prise, sur l'initiative de Pucheu, par Pétain et Barthelémy, d'instaurer des tribunaux destinés à satisfaire les exigences allemandes et à condamner à mort six Français. Il faut aller vite et donc faire exécuter des Français déjà arrêtés et même condamnés ! Il faut aussi trouver des magistrats pour remplir cette tâche monstrueuse. On aurait pu croire cette mission impossible, mais la soumission des juges et des procureurs est telle qu'il s'en trouvera suffisamment pour composer ces « tribunaux ». Très peu refusent.

Tout est faux dans cette entreprise. Même la loi. Elle est faussement datée du 14 août 1941 alors qu'en réalité elle a été définitivement rédigée le 22 août, le lendemain de l'attentat. Elle est publiée au *Journal officiel* du 23, en même temps que l'acte constitutionnel du 14 août qui requiert des magistrats un serment de fidélité. L'objet de la loi est de réprimer les « infractions, quelles qu'elles soient, commises dans une intention d'activité communiste ou anarchiste ». En zone libre, ces tribunaux sont des sections spéciales des tribunaux militaires et sont donc composés de militaires. Mais en zone occupée, il s'agit de juridictions civiles, créées auprès de chaque cour d'appel, et où siègent des magistrats ordinaires. Ces sections spéciales statuent sans motivation. Leurs décisions ne sont susceptibles d'aucun recours. Le pire étant qu'elles peuvent condamner des personnes déjà jugées, donc pour des faits commis antérieurement à la date de la loi[14]. Les autorités allemandes auxquelles le projet de loi est soumis pour approbation se félicitent de ce grand bouleversement des traditions juridiques françaises et s'étonnant même

13. Pétain, le 12 août 1941 : « Français, j'ai des choses graves à vous dire. De plusieurs régions de France, je sens se lever depuis quelques semaines un vent mauvais... »

14. Article 10 de la loi (rédigé par Maurice Gabolde, alors procureur de l'État français) : « L'action publique devant la juridiction saisie se prescrit par dix ans à dater de la perpétration des faits, même si ceux-ci sont antérieurs à la promulgation de la présente loi. »

de voir anéanti le principe essentiel de la non-rétroactivité des lois pénales. Elles doivent modérer l'ardeur du gouvernement français qui voulait que les exécutions prononcées par les juges français (la loi n'était pas encore publiée, mais il était hors de question qu'ils prononcent une autre décision que des peines de mort !) se déroulent en public sur la place de la Concorde.

La loi entre donc en vigueur. Le bourreau est prévenu avant même que le tribunal ne se réunisse. Il est prêt à guillotiner six hommes. Le 27 août, l'audience est expédiée. Devant l'opposition d'un des magistrats composant la section, le conseiller Linais, seuls trois condamnations à mort sont prononcées, contre Émile Bastard, Abraham Trzebrucki et André Bréchet. Elles sont exécutées dès le lendemain matin dans la cour de la prison de la Santé.

Les autorités allemandes sont toutefois mécontentes : il leur avait été promis six condamnations. Il n'y en a que trois. Elles demandent au gouvernement français de réagir. Pucheu se dépêche de répondre qu'une nouvelle juridiction, plus sûre va être créée. Les noms des membres de ce nouveau tribunal seront soumis pour avis à l'occupant. C'est ainsi qu'est instauré le tribunal d'État, créé par la loi du 10 septembre. Ses membres sont désignés par le gouvernement. Il est présidé par un magistrat. Les 20 et 21 septembre, ce tribunal prononce trois nouvelles condamnations à mort qui sont exécutées le 27. Pour les Allemands, le compte est bon.

Le serment d'allégeance

Les exécutions du 28 août avaient été largement commentées dans la presse, tout comme dans le monde judiciaire. L'ignominie du régime de Vichy ne faisait plus aucun doute. Son mépris de tous les principes fondamentaux de la justice était patent. Sa collaboration avec le nazisme s'étalait au grand jour.

C'est alors que tous les magistrats français furent appelés à prêter serment au maréchal Pétain. La mainmise du chef de l'État sur la justice était déjà évidente. En janvier 1941, il s'était déjà attribué des pouvoirs juridictionnels lui permettant de juger personnellement (et rétroactivement) tous les hauts dignitaires de l'État[15]. Il exigeait désormais un serment d'allégeance à sa

15. Acte constitutionnel du 27 janvier 1941. Texte des actes constitutionnels de Vichy, site de la faculté de droit et des sciences économiques de Perpignan, http://mjp.univ-perp.fr/france/co1940.htm#7 (consulté le 14 mars 2011).

personne. Il n'était plus question de « séparation des pouvoirs », « une des pires billevesées révolutionnaires », selon Maurras[16]. Nous étions déjà très loin de la République. Certes, l'histoire de la magistrature était riche de serments de ce type. Le dernier en date, sous le Second Empire, avait obligé chaque magistrat à « jurer obéissance à la constitution et fidélité au président ». Mais ce serment-là, en 1941, était d'une autre nature. Prêter serment au maréchal Pétain c'était se fondre dans un régime à l'opposé de toute justice. En voici le texte :

> « Acte constitutionnel n° 9 du 14 août 1941,
> Nous, maréchal de France, chef de l'État français,
> Vu la loi constitutionnelle du 10 juillet 1940,
> Décrétons :
> Nul ne peut exercer les fonctions de magistrat s'il ne prête serment de fidélité au chef de l'État. La formule de la prestation de serment est la suivante : "Je jure fidélité à la personne du chef de l'État. Je jure et promets de bien et honnêtement remplir mes fonctions, de garder religieusement le secret des délibérations et de me conduire en tout comme un digne et loyal magistrat." »

Paul Didier, un juge réfractaire

Un seul magistrat français va refuser ce honteux serment d'allégeance, reniant l'essence même de la fonction de juge, Paul Didier. Un seul ! Les juges français retournent dans la position fœtale. Pourquoi, à cinquante et un ans, ce juge du tribunal de Paris, Paul Didier, fut-il le seul à refuser la lâcheté ? Ou plutôt, pourquoi tous les autres ? Parce que, lit-on parfois, il ne fallait pas démasquer ceux qui étaient déjà entrés en résistance. L'argument est dérisoire. En août 1941, cette résistance, au sein de la magistrature, était exceptionnelle[17].

---

16. Cité par Jean-Pierre Royer, *Histoire de la justice en France*, *op. cit.*

17. René Parodi en est une figure exemplaire. Après l'armistice, il avait repris son poste de substitut au tribunal de Versailles. En juin 1941, il est nommé substitut adjoint au tribunal de la Seine. Pendant toute cette période il travaille activement dans la résistance, participant à la presse clandestine, menant des actions de sabotage et organisant le Comité d'études économiques et syndicales qui allait devenir le mouvement de Libération-Nord. Arrêté par la Gestapo le 6 février 1942, incarcéré à Fresnes, il refusa de parler malgré la torture et fut retrouvé pendu dans sa cellule le 16 avril 1942, vraisemblablement exécuté.

Il faut imaginer cette salle du palais de justice, le 2 septembre 1941. Ces magistrats qui lèvent la main, les uns après les autres, à l'appel de leur nom. « Je le jure », « Je le jure »... Tous abjurent. Tous, sauf un. Deux jours plus tard, il est suspendu en attendant sa révocation. Certes, la personnalité de Paul Didier est intéressante. On peut toujours chercher des raisons personnelles à son acte de résistance. Une famille qui, en 1871, préfère quitter la Lorraine plutôt que de passer sous le joug allemand. Un père révoqué pour motif politique en 1892 de la Commission d'examen du concours d'entrée à Saint-Cyr. Lui-même, après vingt ans de carrière, révoqué de son poste prestigieux de sous-directeur du Sceau : chargé des naturalisations, il était en total désaccord avec la politique xénophobe, raciste et antisémite de Vichy. Il avait été rétrogradé au poste de simple juge au tribunal de la Seine. Il y a certes des raisons individuelles à ce refus isolé comme il doit y en avoir à l'adhésion massive de l'ensemble du corps de la magistrature.

Chapitre 3

LES LIGNES DE FRACTURE DE 1940-1941

L'histoire de la justice sous Vichy ne se résume pas aux lois anti-juives, à la prestation de serment à la personne du maréchal Pétain et au fonctionnement des sections spéciales. Les magistrats ont suivi ce régime dans son ignominie et ses déchéances successives. Ils l'ont accompagné en mettant en œuvre de façon assez routinière sa politique répressive et raciste. En remplissant comme jamais les prisons, en appliquant sans rechigner un déluge de lois pénales, en se faisant le relais d'une philosophie d'ordre moral. Pire! Ils l'ont accompagné le plus souvent en silence. Quand la collaboration débouchait – inéluctablement – sur la mise en œuvre de la Shoah, quand les rafles, l'internement et la déportation vers les camps de la mort étaient minutieusement programmés et organisés par les autorités françaises, la magistrature française était d'un silence assourdissant. Elle s'était déjà tue quand le droit de la nationalité avait été modifié pour déchoir des milliers de personnes de leur qualité de Français, quand les juifs avaient été exclus de la vie professionnelle, quand leurs biens avaient été confisqués et redistribués. Elle avait concocté, avec l'aide d'éminents professeurs de droit, sa petite jurisprudence pour savoir qui était vraiment juif et qui ne l'était pas. La honte monte à mon front d'avoir à évoquer, même brièvement, cette longue lâcheté. Mais c'est précisément sur cette honte actuelle qu'il faut se pencher. Car elle n'est pas qu'un dégoût rétrospectif.

Le juge et le pouvoir, le juge et la loi

Vichy a été une fracture profonde provoquant de multiples ondes de choc aux effets dévastateurs et régénérateurs qui ne se sont pas révélés immédiatement, mais qui se propagent jusqu'à aujourd'hui. La première de ces fractures, s'est produite dans les rapports du juge et du pouvoir, la seconde dans les rapports du juge et de la loi. Ces failles se sont créées en 1940-1941. Elles sont faciles à retrouver et à dater, car elles sont si profondes qu'elles courent bien au-delà de la France et de la justice.

La reprise de la soumission ordinaire

La justice de Vichy n'est donc pas un simple épisode d'une longue histoire. Elle n'est pas une modalité parmi d'autres d'une crise de la justice comme la France en a tant connues. S'inscrivant dans un effondrement social et politique très large, elle marque le début de la disparition d'un système de soumission. Et pourtant, le retour de la démocratie n'a pas marqué une rupture hors norme au sein du corps judiciaire. Une fois la magistrature à nouveau épurée après la Libération, les vieilles habitudes ont repris leur cours. 300 à 400 magistrats ont été frappés par des mesures d'exclusion. Une commission consultative d'épuration de la magistrature a même été mise en place à partir de septembre 1944 auprès du Garde des Sceaux. La haute hiérarchie, la plus compromise avec le régime de Vichy, a été la plus atteinte. Mais, malgré la création d'un Conseil supérieur de la magistrature par la Constitution de 1946, la culture de soumission a continué de sévir dans les années d'après-guerre, entretenue avec persévérance par les gouvernements successifs. Les influences, les réseaux, la mainmise du pouvoir sur les nominations et les carrières ont perduré. Tous ces magistrats qui s'étaient arrangés de la disparition de la République et de leur présence au sein d'un État para-totalitaire ont continué leur carrière, comme si de rien n'était.

Il est évident que cette volonté de ne pas voir, de reprendre au plus vite le cours ordinaire des choses, n'a pas facilité le constat objectif des dégâts causés. Mais comment pouvait-il en être autrement quand l'aveuglement était si ancien ? Comment s'apercevoir de l'existence d'une fracture abyssale quand tous les signes avant-coureurs, pourtant si nombreux, avaient été systématiquement ignorés ? Comment se rendre compte de quoi que ce soit, quand l'obsession première du monde judiciaire a été de fonctionner comme auparavant ?

Cette fracture, c'est finalement aujourd'hui que nous pouvons la voir le mieux. À vouloir engloutir la justice dans un État total, absolu, sans opposition, Vichy et son cousin totalitaire, le nazisme, ont tout simplement fait disparaître la justice. La fonction de juge n'a plus existé pendant plusieurs années.

Ce n'est pas pour rien que les deux lois sur le serment et les sections spéciales sont de la même date. Cette date est fausse, mais elle est symbolique. Le 14 août 1941, le sol s'est déchiré entre le pouvoir et les juges. Dans une dernière étreinte incestueuse, le prince a tué le juge, son juge, le juge qu'il voulait son double, son frère. Le maréchal Pétain a voulu tout et son contraire : il a, d'un côté, voulu du droit et des juges, et, de l'autre, un État total et totalement soumis. Or, on ne peut avoir les deux en même temps. Sous peine de tuer définitivement l'objet de son désir. Le serment d'allégeance faisait revenir le juge dans sa position fœtale. Les symboles juridiques et les fictions du droit étaient abolis. Le lien originel était rétabli avec la « personne » du souverain. L'homme Pétain ici, l'homme Hitler là-bas. La tentative d'émancipation prend fin. Et ce retour dans la matrice originelle se traduit immédiatement par l'horreur : un organisme n'ayant que les oripeaux de la justice, le décor, les costumes, les boiseries, le langage. Mais sous cette apparence, rien qui ressemble à un juge ou à la justice. Quelques soubresauts de conscience, quelques convulsions *ante mortem* de morale judiciaire, pas davantage. Cette concomitance tragique du serment et de l'horreur, de la soumission et de la monstruosité, signe la mort de ce type de justice, elle marque, à terme, la fin d'une phase de l'histoire. La soumission totale aboutit à la négation de la fonction de juger.

Jamais démonstration n'avait été aussi claire. Elle était d'ailleurs si éclatante qu'il a fallu la taire immédiatement et pour longtemps.

Juger sous Vichy était impossible

Elle est pathétique, cette magistrature qui essaie de faire croire qu'elle est encore une magistrature. Elle se donne toutes les bonnes raisons de continuer d'exister alors qu'elle se sait morte. Elle essaie de louvoyer avec le droit, avec sa conscience, avec la vérité. Il s'agit de passer à travers les gouttes. Chacun transfère son tribunal dans son for intérieur. Il faut préserver les apparences et garder sa révolte – à supposer qu'elle existe – pour soi ou les siens. Accepter l'inévitable en se disant qu'il y aura, quand même, des limites, qu'on n'acceptera pas n'importe quoi. Qu'on sauvera le maximum.

Car il est encore possible de « faire du droit » dans n'importe quel régime autoritaire et même dans un régime totalitaire. Le droit, en effet, n'a aucun rapport avec la démocratie. C'est un instrument froid qui, comme un caméléon, prend la couleur de ce qui l'entoure. Les dictatures ont toujours été très prolixes en réglementation. Beaucoup de lois, de décrets, de circulaires, d'instructions ont été élaborés : un régal pour les juristes et les universitaires. Dans toutes les bibliothèques des universités et des tribunaux, dorment ces recueils finement reliés de cuir où s'alignent de 1940 à 1944 le travail méticuleux des juristes, des avocats, des juges. L'arbitraire, l'ignominie, l'horreur se déclinent en articles, en alinéas. On a glosé sans fin sur le statut des juifs... Plus le pouvoir se veut fort, plus il entre dans les détails. Il ne veut rien laisser échapper à sa toute-puissance. Tout espace d'interprétation laissé à ce qu'on appelle encore des juges serait une faiblesse.

Mais comment pouvait-on croire que ce régime-là tolérerait une limite quelconque ? Dans un système total, il n'y a pas de zone préservée. Tout se tient. Le temps que le système se mette en place, il y a encore quelques interstices de liberté relative dans lesquels il est possible de se glisser. Mais ces espaces-là diminuent de jour en jour. On les comble à mesure qu'ils apparaissent. La pantomime fait de moins en moins recette.

Le 19 février 1942 s'ouvre le procès de Riom. Le maréchal Pétain avait déjà prononcé des condamnations à la détention à vie dans une enceinte fortifiée. Ce procès qui jugeait théoriquement les hommes et non plus les personnalités politiques, n'était donc qu'une odieuse mascarade où tout était joué d'avance. Le président de la cour, président de la chambre criminelle de la Cour de cassation, Pierre Caous, essaie de sauver la face en déclarant qu'il ne sera pas tenu compte de la décision déjà prise. Mais il ne peut éviter de sombrer dans le ridicule en affirmant que « pour la cour, le procès n'est pas et ne sera jamais un procès politique ». Il ne fut que cela. L'objet du procès est officiellement le suivant : « Juger les ministres, les anciens ministres ou leurs subordonnés immédiats [...] accusés d'avoir trahi les devoirs de leur charge dans les actes qui ont concouru au passage de l'état de paix à l'état de guerre avant le 4 septembre 1939 et dans ceux qui ont ultérieurement aggravé les conséquences de la situation ainsi créée. » La défense d'Édouard Daladier et de Léon Blum est tellement virulente que ce procès tourne à leur avantage. Le masque tombe, sur ce procès, comme sur le reste de cette justice, lorsque Hitler, furieux du tour pris par les événements décide, en mars 1942, de faire arrêter le spectacle. Le procès sera suspendu le mois suivant sous prétexte d'un complément d'information et sera clôturé définitivement l'année suivante sans que rien ne soit jamais décidé.

La création des « cours martiales » en janvier 1944, signe encore davantage la place réelle de la « justice ». Vichy se passe de magistrats. Les miliciens composent ces organismes qui singent encore un peu – à peine – la justice. Il faut trois miliciens pour juger. Mais le verdict ne peut être que la condamnation à mort.

On a pu écrire, sérieusement, qu'il y avait deux justices sous Vichy. Les juges ordinaires, qui continuaient sans trop de souci leur travail ordinaire, et les justices d'exception avec lesquelles ils ne se compromettaient pas et qu'ils regrettaient même au fond de leur cœur. C'est déjà oublier que de l'une de ces justices à l'autre, il y avait des passerelles, des collaborations. Même à l'époque des cours martiales, les juges n'ont pas protesté. Ils voulaient, en revanche, en fins juristes, savoir comment articuler leur compétence avec celle de ces nouvelles juridictions. Car certaines questions de procédure les gênaient. Les juges d'instruction se plaignaient : quel moyen technique utiliser pour transmettre leurs dossiers à ces cours martiales ? Le ministre répond, par une circulaire aussi grotesque qu'indécente, qu'il suffit au juge d'instruction de rendre une « ordonnance de soit-communiqué » ; il peut ainsi récupérer le dossier si la cour martiale se déclare incompétente et clôturer sa procédure par un non-lieu si le suspect est exécuté[1].

Il y a surtout une solidarité de tout le système. Raisonner en ne regardant que la France serait une erreur tragique. La solidarité est européenne. Quand on observe simplement l'implantation des camps de concentration en Europe et les voies qui y menaient, on comprend mieux quelle était cette solidarité. Faire semblant de croire qu'en travaillant sur ses petits dossiers, dans son petit tribunal ou dans n'importe quelle administration, on échappait au système global, qu'on pouvait s'en désolidariser, c'était mentir. À soi et aux autres. C'était se voiler la face sur les pires abominations et donc les laisser se perpétrer. Faire le moins de mal possible, c'était permettre que le pire ait lieu. Rendre une décision sur le statut des juifs, c'était autoriser que

1. Cité dans Association française pour l'histoire de la justice, *La justice des années sombres, 1940-1944*, Paris, La Documentation française, 2001, voir plus particulièrement Laurent Douzou, Virginie Sansico, *La milice et les cours martiales*, p. 113.

les rafles, les déportations et l'extermination aient lieu. La minutieuse jurisprudence des tribunaux civils et correctionnels ou du Conseil d'État sur le statut des juifs fait frémir. Ainsi ce rapport d'un juge du tribunal civil de Rabat que l'on peut trouver dans la revue juridique, *Jurisclasseur périodique,* de 1942[2] et où le magistrat s'interroge sur la qualité de juif d'un individu né de grands-parents juifs et marié avec un non-juif. Afin qu'il soit considéré comme juif :

> « Il faut que cet individu hybride prouve par son appartenance à la religion judaïque qu'il a conservé, malgré une origine mixte, un attachement tout spécial à la race juive. S'il n'est pas de confession juive les quelques liens ancestraux qui le rattachent encore à la race juive s'évanouissent devant ceux qui l'attachent désormais à la race aryenne, liens ancestraux égaux et lien conjugal [...]. Cet individu est dégagé de toute servitude raciale juive. »

Juger sous Vichy était impossible. Il existait bien une administration qui conservait le nom de justice, mais qui n'en était pas une. Y rester, à la plus petite ou à la plus belle des places, c'était contribuer au fonctionnement de la totalité, c'était servir un projet global dont le dessein d'ensemble était chaque jour plus clair, et déjà en septembre 1941 quand le serment était prêté. Chaque magistrat, en se reniant, se transformait en un maillon d'une chaîne terrible. C'est précisément ce statut de simple maillon qu'ont revendiqué la plupart des responsables de l'époque.

De la soumission à la fracture

Comment cette lâcheté collective a-t-elle été possible ? Comment a-t-on pu en arriver à cette négation de l'essence même de la fonction de juge ?

Cette démission morale a été le fruit de siècles de servitude. La fracture s'est produite là, mais le mouvement tectonique de ce vaste continent de la soumission était infiniment plus ancien. La fonction de juger s'était détachée progressivement du corps du souverain. Elle avait, en théorie, pris une place à part au sein du pouvoir d'État. Mais cette place ne se déchiffrait – et encore timidement – que dans les livres des juristes ou des philosophes et ne se voyait nulle part en pratique. On ne parlait de « pouvoir » judiciaire que pour la beauté du raisonnement, pour assurer une symétrie de langage qui n'était en fait qu'un abus de langage. Dans la réalité, les régimes succes-

2. Rapport sur Trib. civ. Rabat, 17 décembre 1941, JCP 1942.II.1800.

sifs – Empire, royauté, République – n'avaient eu de cesse de maintenir la justice à portée de main. La longueur de la laisse variait selon les époques, mais elle était toujours solidement tenue par la main du maître.

Le corps de la magistrature était pétri de tics de soumission. La présence en son sein de procureurs hiérarchisés et totalement dévoués était le meilleur gage de l'obéissance collective. Les structures de nomination, d'avancement, les honneurs, les médailles, tout, dans la structure même du corps, l'habituait à courber l'échine. S'était ainsi constituée une culture de soumission que l'histoire avait peu à peu fossilisée. L'origine sociale des juges, le milieu dans lequel ils évoluaient, leur ignorance des réalités sociales, faisaient de ce petit peuple de notables un corps extrêmement conservateur, replié sur lui-même, allergique à la révolte et à la désobéissance. C'est pourquoi lorsque la laisse s'est raccourcie, les juges n'ont pas résisté. Ils sont revenus à leur position fœtale. Jamais le pouvoir n'avait été si absolu, jamais la régression des juges n'avait été si forte.

Les ondes de choc

Vichy a provoqué d'irrémédiables lignes de fracture, mais elles ne sont apparues que très progressivement. Et c'est seulement aujourd'hui qu'elles produisent leurs effets les plus forts. Plusieurs raisons expliquent cet effet retard, dans le domaine de la justice comme dans d'autres d'ailleurs.

En premier lieu, les habitudes, quelle que soit leur nocivité, ne disparaissent pas du jour au lendemain. La culture d'un métier ne change pas si rapidement. Surtout si l'immense majorité des professionnels reste en place. Le renouvellement du corps a été très faible après la guerre. Les grades les plus élevés ont été touchés, mais la culture de soumission était partagée de haut en bas de l'échelle. Il a fallu attendre qu'une génération passe.

Il ne fallait pas compter sur les contemporains de Vichy pour analyser leur comportement et se pencher sur l'origine de leur défaillance. Ces juges-là (civils ou administratifs), à supposer qu'ils aient éprouvé une quelconque honte, étaient incapables de l'exprimer. Les écrits des magistrats d'après-guerre sont avares de retour sur ce passé. Leur littérature était de toute façon très chiche. La magistrature avait été, elle aussi, une grande muette. À l'époque, les juges ne parlaient pas. Leur expression publique se limitait aux discours officiels ; les « discours de rentrée », très convenus, étaient souvent consacrés à leur propre éloge quand ce n'est pas à celui du gouvernement. Il ne fallait pas davantage compter sur les avocats dont l'attitude, sous Vichy, n'avait rien eu à envier à celle des magistrats. Encore moins sur les professeurs de droit. Leur positivisme forcené avait fait merveille sous Vichy ; ils avaient commenté l'actualité juridique la plus monstrueuse avec leur flegme ordinaire.

Peut-être, aussi, la catastrophe avait-elle été trop importante. Peut-être était-il alors difficile de mesurer l'ampleur de la compromission, l'étendue de la complicité et toutes les conséquences de la lâcheté. Mais la vérité sur le nazisme a émergé rapidement. Le procès de Nuremberg, largement couvert par la presse internationale a eu lieu de novembre 1945 à octobre 1946. La vérité sur le rôle de l'État français a mis plus de temps à être dévoilée.

Le livre, *L'affaire de la section spéciale*, de Hervé Villeré date de 1973[3]. L'auteur raconte les difficultés rencontrées pour réunir sa documentation et les réticences de beaucoup d'acteurs devant le travail entrepris. En 1972, René Pleven, alors Garde des Sceaux, lui avait fait savoir que l'analyse de cette affaire « risque de porter préjudice à des intérêts privés et réveiller des passions dans l'opinion publique[4] ». Il a dû s'appuyer sur les archives allemandes. Lorsque le film de Costa-Gavras, *Section spéciale*, directement inspiré des événements et s'appuyant sur le livre, est sorti en salles en avril 1975, ce fut une découverte pour l'opinion publique, mais aussi pour beaucoup de nouveaux magistrats. Il a fallu attendre longtemps pour que la rafle du Vel'd'hiv soit publiquement reconnue dans toutes ses implications et que le rôle de l'État français, et singulièrement de sa police et de sa gendarmerie, soit mis au jour. Le discours du président Jacques Chirac, à ce sujet, ne date que du 16 juillet 1995 : « Oui, la folie criminelle de l'occupant a été secondée par des Français, par l'État français [...][5]. »

Il a fallu surtout que se crée au sein de la justice une nouvelle culture susceptible de la détacher de la soumission ancestrale. Le mouvement a été quelque peu facilité par les nouvelles structures créées après la guerre : un Conseil supérieur de la magistrature, bien timide, apparaît en 1946. Une

3. Hervé Villeré, *L'affaire de la section spéciale*, Paris, Fayard, 1973.

4. *Ibid.*, p. 13.

5. Cf. le site : http://fr.wikisource.org/wiki/Discours_prononc %C3 %A9_lors_des_comm % C3 %A9morations_de_la_Rafle_du_Vel %E2 %80 %99_d %E2 %80 %99Hiv %E2 %80 %99 (consulté le 14 mars 2011).

association professionnelle de magistrats naît la même année, l'Union fédérale des magistrats. Le Centre national d'études judiciaires est inauguré en 1958 et deviendra l'École nationale de la magistrature en 1970. Mais c'est la création, en juin 1968, du Syndicat de la magistrature qui marquera le vrai départ de cette nouvelle culture. Même minoritaire, il a toujours été un ferment de contestation et a fini par être rejoint dans sa volonté d'indépendance par l'Union syndicale des magistrats, créée en 1974. Ce sont les actes aussi qui ont fini par créer un mouvement irréversible : les inculpations puis les condamnations d'hommes politiques et d'hommes d'affaires qui se sont succédé régulièrement à partir des années 1970 ont rendu effectif ce qui n'était jusque-là qu'un discours. Pour les dernières générations de magistrats, ce qui était là tabou est devenu presque habituel, sous le regard d'une opinion publique bienveillante et avec l'aide de médias tout aussi friands d'indépendance. Pour ces magistrats, la justice de Vichy apparaît aujourd'hui comme une référence noire. Soixante ans après, un retour à cette justice d'ordre et de soumission absolue est définitivement exclu. Toutefois, d'autres dangers se profilent, d'autres menaces pour les libertés surgissent, nécessitant d'autres réactions, d'autres analyses. Rien n'est acquis. Nous sommes dans le temps de la construction d'une nouvelle culture qui ne soit ni celle de l'obéissance ni celle de la désobéissance, mais qui se situe ailleurs, sur un autre plan, celui de la défense des libertés.

Dès le 23 juin 1940, René Cassin a embarqué vers l'Angleterre pour rejoindre le général de Gaulle. Peu de juristes, encore moins de juges, l'ont imité. Vichy a permis d'apporter une réponse claire et évidente : face à un régime tel que celui-là il n'y a aucune place pour la justice. Aucun arrangement, aucun compromis n'est possible. Quand le naufrage s'annonce, il n'est plus question de louvoyer. Quand tout s'effondre, il ne s'agit pas de tenter de sauver quelques meubles. Il faut quitter le navire et s'enfuir. Seule la démission est possible, puis la résistance. Il est trop facile de dire : vous ne pouvez vous replacer dans les conditions de l'époque. Vous ne pouvez savoir ce que vous auriez fait. Il ne s'agissait pas, en 1940 ou 1941, de quitter un corps, mais de constater que la fonction sociale de la justice avait disparu. Dans un pays qui ne respecte pas les libertés, sans état de droit, le juge n'existe plus.

PARTIE II

LA SAUVEGARDE DES LIBERTÉS

Chapitre 1

LA NOUVELLE PLACE DU JUGE, GARDIEN DES LIBERTÉS, ACTEUR DE LA DÉMOCRATIE

« L'autorité judiciaire, gardienne de la liberté individuelle [...] [1]. » Ces premiers mots d'un article de la Constitution française font rêver. Il faudrait pouvoir pénétrer dans un palais de justice avec un sentiment de soulagement. Se rendre dans un tribunal pour s'y sentir protégé. Comme autrefois les églises étaient des lieux d'asile, les tribunaux devraient être des bâtiments où la liberté est célébrée, mais surtout déclinée concrètement. Il faudrait que tous ceux dont la liberté est menacée puissent y venir avec espoir. Que le citoyen s'y sente chez lui. Que le juge soit amoureux des libertés encore plus que respectueux du droit. Il faudrait qu'existent des publicités du genre : « Vous aimez les libertés, devenez juge ! » Il ne s'agit pas de graver sur les murs des palais « Liberté, égalité, fraternité », l'inscription s'y trouve déjà. Il ne s'agit pas d'afficher la Déclaration des droits de l'Homme dans les lieux publics, elle est déjà placardée dans la plupart d'entre eux. Non, le but est de rendre effectif cet idéal.

Beaucoup de livres ont déjà été écrits, beaucoup de proclamations publiées, de discours prononcés sur le sujet. Il est devenu évident, en théorie, que le juge se définissait avant tout comme un gardien des libertés. Mais si cette évidence, surgie du chaos totalitaire, ne fait plus débat, elle a difficile-

1. Article 66 de la Constitution française : « Nul ne peut être arbitrairement détenu. L'autorité judiciaire, gardienne de la liberté individuelle, assure le respect de ce principe dans les conditions prévues par la loi. »

ment cours dans la réalité quotidienne. L'image du juge timide devant le pouvoir ou complice de ses abus est encore trop présente dans la mémoire. Or, c'est précisément là que se mesurent le degré de la liberté et l'état de droit : non pas dans les paroles, mais dans les faits. Pas uniquement sous les lambris des Cours suprêmes, mais dans le plus petit tribunal. Pas seulement pour les puissants, les riches, mais pour les plus pauvres, les étrangers, les victimes, les opposants, les délinquants...

Pendant des siècles, libertés et droits fondamentaux ont progressé, lentement. Ils sont entrés – un peu – dans les faits au prix de longues batailles, voire de révolutions. Mais ils étaient davantage dans les écrits que dans la vie réelle. Le totalitarisme nazi a failli tout balayer. Il n'y a plus d'autre solution, aujourd'hui, après avoir frôlé cette catastrophe, que d'écrire dans les faits ce qui se lit dans la promesse des mots et d'installer le juge à sa place réelle, celle de gardien des libertés.

Un changement radical de l'ordre juridique s'est produit au sortir de la Seconde Guerre mondiale. Toutes les discussions des philosophes, théologiens, moralistes, juristes et autres penseurs, sur l'existence d'un droit naturel, d'un droit supérieur, ont trouvé là leur aboutissement. La philosophie des Lumières dont la force se ternissait, s'est renouvelée à l'épreuve de la barbarie.

Sortir du cauchemar

L'humanité a vécu le pire de ses cauchemars. Ce traumatisme n'était pas dû à un cataclysme, une épidémie ou un tremblement de terre. L'humanité a failli disparaître, non pas du fait d'une catastrophe naturelle, mais d'une catastrophe humaine. Le pire ennemi de l'homme est bien en lui-même. Le nazisme et ses nombreux alliés ont failli anéantir l'humanité. L'entreprise a été arrêtée *in extremis* après avoir détruit des millions de vies. On peut légitimement se poser la question de ce qu'aurait été le monde si la victoire avait été de l'autre côté : un monde de maîtres et d'esclaves, de surveillance, d'arbitraire et de cruauté, où le droit n'aurait définitivement été que celui du plus fort et la justice l'éternelle confirmation de cette supériorité.

L'horreur humaine, les « actes de barbarie » n'ont pas fini d'être rappelés, même si les grands textes juridiques contemporains ne font plus de référence expresse à cette période noire[2]. Il ne s'agit pas d'accomplir des devoirs de mémoire. L'horreur s'impose d'elle-même. L'humanité a été frappée si profondément qu'elle ne pourra plus jamais échapper au souvenir. Comme pour tout être victime d'un traumatisme, confronté à la mort par un accident ou tout autre événement, l'horreur nazie revient et reviendra régulièrement en nous. Elle ne fait pas seulement partie d'une mémoire collective, elle fait définitivement partie de la vie de toute société humaine. Nous savons tous qu'elle n'est pas morte sous les bombes ni dans le *Führerbunker*.

Le nazisme a poussé à l'extrême la négation de la nature humaine. Il a nié radicalement les droits les plus élémentaires de l'espèce humaine. Hitler et ses alliés ont prouvé qu'il était possible d'aller jusqu'au bout d'une logique de destruction et, surtout, que cette entreprise de démolition était nécessairement vouée à couvrir la terre entière : s'attaquant à l'homme dans sa globalité et dans ses fondements, elle avait vocation à l'universalité. Le mal n'était plus une figure théologique ou mythologique : il était, il est devenu une réalité terrifiante dans tous les domaines de l'activité humaine. Cette entreprise, désormais incarnée, s'est attaquée à la racine de toutes les œuvres humaines, pervertissant tous les liens, toutes les pensées, tous les rapports humains. Elle a mis au point un système social et politique total fondé sur la violence, la mort, le racisme, les discriminations, l'inégalité, l'asservissement et la disparition des libertés. Mais ce système n'était pas dépourvu de droit, loin de là, ni de juge. Il disposait même d'un ordre juridique complet, très performant, tout aussi nécessaire à sa survie et à son expansion que ses chars et ses camps d'extermination.

Fallait-il nécessairement descendre jusqu'à cet enfer pour prendre conscience des bases de la condition humaine ? Faut-il à chaque fois le pire pour que naisse le meilleur ? L'humanité avait déjà progressé, mais lentement, vers l'idée que les libertés étaient le socle de tout régime politique démocratique. Elle avait même parfois touché du doigt la nécessaire implication du juge dans ce mécanisme. Mais au sortir du cauchemar, l'articulation devenait lumineuse pour aboutir enfin à éclairer la nécessaire place du droit, des libertés et du juge.

2. Notamment la « Charte des droits fondamentaux de l'Union européenne », adoptée le 7 décembre 2000, intégrée dans le traité de Rome du 29 octobre 2004 et mentionnée dans le traité de Lisbonne signé le 13 décembre 2007.

Un monde nouveau, un nouvel État de droit, nés du cauchemar

C'est seulement à cette époque du cauchemar qu'est apparue vraiment, dans toutes les implications, l'idée de la démocratie. L'articulation de ces deux extrêmes se lit avec évidence dans de multiples textes créés après et même pendant la Seconde Guerre mondiale. Dans toutes les déclarations de droits, il faut s'attacher aux premières lignes, ce qu'on appelle les « préambules ». On les oublie malheureusement trop souvent, comme on délaisse un avant-propos ou une préface qui retardent l'entrée en matière. Ils parlent pourtant tous de l'horreur. Ils nous obligent à nous rappeler inlassablement le lien définitif et indéfectible entre la lutte contre le totalitarisme nazi et l'affirmation d'un état de droit. Comme ces mots sont écrits dans un langage juridique (« Considérant que... »), l'indignation s'exprime moins vigoureusement. Mais, malgré le laminage des compromis diplomatiques, on entend le souffle de la protestation.

Le préambule de la Constitution française de 1946 début ainsi :

> « Au lendemain de la victoire remportée par les peuples libres sur les régimes qui ont tenté d'asservir et de dégrader la personne humaine, le peuple français proclame à nouveau que tout être humain, sans distinction de race, de religion ni de croyance, possède des droits inaliénables et sacrés. »

Le préambule de la Déclaration universelle des droits de l'Homme de 1948 est encore plus explicite.

> « [...] La reconnaissance de la dignité inhérente à tous les membres de la famille humaine et de leurs droits égaux et inaliénables constitue le fondement de la liberté, de la justice et de la paix dans le monde.
>
> [...] La méconnaissance et le mépris des droits de l'Homme ont conduit à des actes de barbarie qui révoltent la conscience de l'humanité et [...] l'avènement d'un monde où les êtres humains seront libres de parler et de croire, libérés de la terreur et de la misère, a été proclamé comme la plus haute aspiration de l'homme.
>
> [...] Il est essentiel que les droits de l'Homme soient protégés par un régime de droit pour que l'homme ne soit pas contraint, en suprême recours, à la révolte contre la tyrannie et l'oppression[3]. »

Face à ce naufrage de l'humanité, il a fallu construire un ordre juridique nouveau sans aucune comparaison avec les entreprises précédentes. Le monde devait, pour sa survie, se doter de règles nouvelles, définitives, uni-

3. Cf. le site : http://www.un.org/fr/documents/udhr/ (consulté le 14 mars 2011).

verselles et infiniment plus larges qu'auparavant. La longue liste des droits énumérés dans la Déclaration universelle de 1948 dessine l'image d'un homme nouveau, d'un homme complet. Jamais encore n'était apparue une vision aussi globale. Tous les aspects de la vie en société défilent dans ces articles. Cette vie se décline en droits. C'est apparemment un être juridique qui surgit, mais c'est surtout un homme : un individu qui pourra, face à n'importe quel État revendiquer un statut acquis pour toujours. Les libertés sont là, en bonne place : liberté d'opinion et d'expression, liberté de conscience, de pensée, de religion... La vision d'un homme nouveau, d'un citoyen complet, se dessine avec la plus grande précision : sont proclamés les droits à la Sécurité sociale, au travail, à l'alimentation, à l'habillement, au logement, aux soins médicaux, aux services sociaux nécessaires, etc. Vœux pieux, dira-t-on. En 1948, peut-être. Mais les rédacteurs de ce texte n'écrivaient pas que pour leur temps et leur discours s'adressait également aux décennies et aux siècles à venir. Combien de temps faudra-t-il pour qu'un véritable droit au logement, par exemple, voie réellement le jour ? Il s'agissait, en 1948, de dessiner un homme et l'image d'une société où il puisse vivre dignement. Apparaissaient ainsi la complémentarité et la complexité des institutions de la démocratie. La négation de l'homme avait obligé à dépasser les visions partielles : en fait, tout se tenait. Toutes les activités humaines étaient liées les unes aux autres. Toutes les lois devaient être animées d'un idéal commun. La justice aussi, mais parmi d'autres.

Il fallait le dire une bonne fois pour toutes. Mais cela ne signifie pas que le texte a été figé dans le marbre, qu'il est impossible de le retoucher, de le compléter, de l'affiner et de l'adapter. Cette image de l'homme était celle qui apparaissait en 1948. Elle devait prendre la forme d'un texte pour qu'elle s'inscrive dans la pensée de l'humanité et pour qu'elle soit transmise. Mais cette image existait en-deçà des mots. Chacun avait désormais le devoir de la retrouver en tout être humain, en s'aidant de ce texte.

Le préalable absolu des libertés

L'autre leçon de cette terrible époque est que ces droits nouveaux ne pouvaient exister sans les libertés. Leur absence, pendant quelques années, avait rarement été ressentie avec autant de force. La faiblesse de la liberté vient précisément de son évidence. Quand un peuple vit en liberté, il ressent moins la nécessité de la protéger. Elle lui est naturelle comme l'air que l'on respire. Personne ne pense à ce miracle permanent qui permet pourtant la vie. Personne n'imaginerait que l'air puisse un jour manquer. Chacun s'habitue aux petites pollutions. C'est lorsque l'asphyxie approche, que l'air redevient pour tous une nécessité, un bien irremplaçable auquel on n'avait pas suffisamment pensé et surtout que l'on n'avait pas assez protégé.

Cette logique du préalable absolu des libertés se lit parfaitement dans l'admirable texte du programme du Conseil national de la Résistance. Ce texte, rebaptisé *Les jours heureux*, date du 15 mars 1944. Fruit, lui aussi, de longs compromis, il a été écrit dans les jours sombres du combat (le Débarquement eut lieu le 6 juin suivant). Toute la première partie s'intitule « Plan d'action immédiate ». Il s'agit, ni plus ni moins, que d'un programme d'action militaire et de lutte armée. La seconde partie qui résonne encore davantage en nous, s'appelle « Mesures à appliquer dès la libération du territoire ». On y trouve la substance de toutes les réformes économiques et sociales qui seront effectivement adoptées à la Libération, et resteront, jusqu'à ce jour (et aujourd'hui plus que jamais) un credo de tous les démocrates, une sorte de bible d'un État dédié au service du peuple et non d'une oligarchie financière. Mais avant de passer au détail des réformes (droit au travail, au repos, à la sécurité de l'emploi, à la Sécurité sociale, à une retraite digne, etc.), les Résistants ont posé le socle des libertés. Voici les préalables au bien-être :

> « – la pleine liberté de pensée, de conscience et d'expression,
> – la liberté de la presse, son honneur et son indépendance à l'égard de l'État, des puissances d'argent et des influences étrangères,
> – la liberté d'association, de réunion et de manifestation,
> – l'inviolabilité du domicile et le secret de la correspondance,
> – le respect de la personne humaine,
> – l'égalité absolue de tous les citoyens devant la loi[4]. »

Un peuple riche et esclave n'est riche de rien. Sacrifier les libertés, c'est, à terme, sacrifier tout le reste. Lorsque les Résistants écrivent ce texte, dans la clandestinité, ils n'envisagent pas les libertés comme un luxe. Ils n'essaient pas d'écrire un beau texte. Leurs mots ne sont pas ceux des juristes. On sent derrière chacun d'eux un moment d'histoire, un monceau de souffrances. Ce

4. Cf. le site : http://fr.wikisource.org/wiki/Programme_du_Conseil_national_de_la_R%C3%A9sistance (consulté le 14 mars 2011).

texte s'entend plus qu'il ne se lit. On entend la voix, le ton, la rage. Ces mots ont un poids et un relief terribles.

C'est l'avantage d'un tel texte sur une « simple » Déclaration de droits dont le style et la généralité éloignent du réel. L'image de l'homme souffrant de l'injustice, de l'arbitraire, des discriminations, enfermé, torturé, exécuté, supplicié s'y efface derrière un chapelet d'interdictions ou de proclamations. On oublie vite les mots simples de Primo Levi et de tous ceux qui ont survécu à l'horreur ou qui ont eu le temps d'en dire quelque chose. On oublie que derrière chacun de ces textes, il y a des millions d'êtres qui ont souffert dans leur âme et leur chair. Des hommes et des femmes qui auraient pu vivre autre chose ou tout simplement vivre.

Pas de droits sans liberté, cette évidence est inscrite en lettres de souffrance et le plus souvent de sang dans l'histoire de l'humanité et dans celle de toutes les révoltes. Elle nous apprend inlassablement que la part de l'homme qui aspire à la liberté sera toujours plus forte que celle qui s'assoupit dans la servitude.

Pas de droits, ni de libertés sans un juge

Aucun texte n'a fait reculer un char. Il ne suffit pas de proclamer des droits et d'exalter les libertés pour qu'ils deviennent effectifs. La démocratie est un modèle. Ce n'est pas une utopie mais un idéal[5] dont il convient de se rapprocher inlassablement. Cette approche est toujours un combat. Une lutte sans fin. Les libertés sont jalouses et orgueilleuses. Elles reculent dès lors qu'on cesse de se battre pour elles. Recluses dans les textes, elles agonisent.

Si les libertés ont besoin de défenseurs, c'est qu'elles sont l'objet d'attaques permanentes. Affirmer qu'elles sont constamment menacées, n'est pas professer une vision pessimiste de la nature humaine ou de la vie en société. C'est constater, comme l'ont fait mille penseurs, historiens, philosophes, politiques, etc., jusqu'à aujourd'hui, que l'État, ou toute organisation sociale équivalente, quelles que soient ses bonnes intentions initiales – à supposer qu'il en ait –, a pour tendance naturelle de réduire la part de liberté de l'individu. Le cauchemar nazi en a été, pour l'instant, l'exemple le plus sinistre. Mais la concurrence de bien d'autres totalitarismes et d'une myriade

5. La Déclaration universelle des droits de l'Homme évoque « un idéal commun à atteindre par tous les peuples et toutes les nations ».

de dictatures de tout acabit est rude. Sans aller jusqu'à ces extrêmes, il reste que toute organisation sociale se développe aux dépens des individus qu'elle est censée servir tant qu'elle ne rencontre pas d'opposition ou de résistance, improvisée parfois, organisée si possible, institutionnalisée au mieux. Vivre en liberté c'est monter chaque jour une digue qui, chaque nuit, peut s'effriter ou se rompre.

Le juge est-il crédible dans un combat contre l'État ?

Si les droits et les libertés sont indispensables, comment les rendre effectifs ? Qui peut leur donner vie ? À qui les confier ? La première réponse ordinairement donnée à cette question fondamentale est décevante : les États, nous dit-on, auraient la charge de les mettre en œuvre. La contradiction est alors à son comble : si les libertés sont à conquérir face à l'appareil d'État et que ce dernier a pour mission de les développer, selon son bon vouloir, le citoyen est victime d'un marché de dupes. L'État ne peut être l'ennemi – réel ou potentiel – et l'allié. Comment l'État accepterait-il de se limiter, de mettre lui-même un frein à son pouvoir ? Il ne peut être qu'obligé à concéder des droits et contraint à respecter les libertés.

Seul le peuple, en réalité, peut vouloir sa liberté. Seuls les citoyens peuvent se mobiliser pour conquérir leurs droits. Personne ne peut le faire à leur place. Mais dans ce combat qu'ils mènent, il existe des alliés, des recours. Le juge pourrait-il être l'un d'entre eux ? À visiter l'histoire de la justice on peine à le croire : comment le magistrat, cette vieille marionnette du pouvoir, pourrait-il aujourd'hui devenir son censeur ? A-t-il suffi qu'il sombre dans les abîmes de la soumission pour qu'une fois restauré dans sa vraie mission, il devienne un rempart crédible et efficace ? A-t-il vraiment aujourd'hui l'étoffe nécessaire pour cette tâche périlleuse ? Ou s'agit-il d'un nouveau marché de dupes ?

Les droits de l'Homme n'ont pas besoin d'un décor. Ils réclament du réel. Parmi tous leurs ennemis, l'un des plus pernicieux est leur ineffectivité. Les droits énoncés, mais non sanctionnés, ne sont qu'illusions et frustrations. L'une des critiques les plus fortes contre les droits de l'Homme aujourd'hui est qu'ils sont largement inappliqués. Malgré tout l'arsenal de lois et de traités internationaux, malgré les multiples instances nationales, régionales et mondiales qui surveillent ou contrôlent, malgré la présence de juges les plus divers à tous les étages, l'état des libertés aujourd'hui dans le monde est déplorable. Faut-il y voir un échec ? La masse des violations des droits fondamentaux sur tous les continents signe-t-elle l'inutilité des outils inventés depuis quelques décennies et la faillite des juges ? Un raisonnement inverse peut être proposé : jamais les libertés n'ont été autant menacées et les instruments de protection mis en place, aussi performants soient-ils, ne sont pas suffisants pour endiguer la montée permanente des dangers. Les droits de l'Homme ne sont pas une illusion, les juges ne sont pas des pantins, mais ils peinent à s'affirmer face à la puissance de l'argent, de la corruption, des réseaux de pouvoir, des oligarchies de toutes sortes accrochées à leurs privilèges, indifférentes aux libertés ou farouchement déterminées à les laminer.

Ainsi, le droit à l'intégrité corporelle, l'interdiction de la torture sont parmi les droits les plus fondamentaux. Tous les codes pénaux, dans le monde, les interdisent. Toutes les polices, tous les juges sont censés être mobilisés pour faire respecter ces règles essentielles de la vie en société. Les tribunaux nationaux et internationaux ont élaboré des jurisprudences performantes pour combattre et condamner la torture. Des traités internationaux et régionaux ont été signés. Des instances nouvelles ont été créées à tous les niveaux : le Comité contre la torture dépendant des Nations unies au niveau mondial, le Comité européen pour la prévention de la torture et des peines ou traitements inhumains ou dégradants (le CPT) au niveau régional, le Contrôleur général des lieux de privation de liberté en France, etc. Autant d'institutions dotées de forts moyens de contrôle et d'investigations, chargées de lutter contre le fléau de la torture. Mais rien n'y fait : la torture est toujours présente et peut-être même se développe-t-elle, y compris dans des démocraties ou sous leur égide. Aux États-Unis, le débat est même ouvert sur une utilisation de la torture pour lutter contre le terrorisme[6].

Le constat est peut-être cruel, mais il le sera toujours : les droits de l'Homme ne pourront jamais être intégralement appliqués. La conséquence est déprimante ou exaltante, au choix : il n'y aura jamais assez d'énergies, d'institutions, de lois, de juges pour défendre les libertés. Ce n'est pas une raison pour baisser les bras et abandonner le combat. C'est tout au contraire, la meilleure des raisons pour le renforcer.

---

6. Serge Portelli, *Pourquoi la torture ?*, Paris, Vrin, 2011.

La tradition anglaise du juge garant des libertés

Si les libertés ont besoin d'être protégées, si les droits de l'Homme ne peuvent exister sans être effectifs, comment et pourquoi l'idée est-elle née de se tourner vers le juge pour y contribuer ? Rien apparemment, dans l'histoire de la justice, n'y conduisait d'évidence. Certes, le juge bénéficiait d'un certain crédit pour protéger l'individu contre les agressions ou les empiétements des autres individus ; mais face à l'État, il n'était pas évident, pour le sujet ou le citoyen, qu'il puisse trouver le moindre refuge dans un palais de justice. La collusion du juge et du prince était même inscrite dans la culture ordinaire. Ce fond de méfiance n'a pas vraiment disparu et ne disparaîtra jamais. *Les animaux malades de la peste* reste une des fables les plus connues de La Fontaine. Il fallait sacrifier un coupable et le roi tint conseil. Le plus faible, l'âne qui n'avait que tondu un pré de la largeur de sa langue fut condamné. « Selon que vous serez puissant ou misérable / Les jugements de cour vous rendront blanc ou noir. »

En France, une petite tradition de défense des libertés s'est bien développée dans la jurisprudence des juridictions administratives et judiciaires depuis le début du XIXe siècle. Mais, si elle faisait l'objet de larges discours d'autosatisfaction chez les magistrats et les universitaires, elle n'était d'aucun poids dans la réalité. Il y avait pourtant, en théorie, de quoi faire. Toutefois, en France, il était plutôt d'usage de penser que la loi défendait mieux les libertés que le juge. La Révolution avait laissé cette marque.

C'est en Angleterre que s'est créée progressivement cette culture d'un juge garant des libertés.

L'évolution a suivi celle de la limitation du pouvoir royal. Dans la solide tradition du pragmatisme anglais, ont été adoptés peu à peu des textes très « techniques ». Il ne s'agissait pas de proclamer à la face du monde des principes universels, mais d'arracher au pouvoir des règles du jeu stables, qui évitent l'arbitraire.

« Aucun homme libre ne sera arrêté ou emprisonné ou dépossédé de ses biens, déclaré hors-la-loi, exilé et il ne lui sera fait aucun dommage si ce n'est en vertu du jugement légal de ses pairs ou en vertu de la loi du pays » : l'article 39 de la Grande Charte, imposée en 1215 au roi Jean sans Terre par les barons anglais, apparaît comme le premier texte qui instaure un recours au juge pour garantir des libertés essentielles face au pouvoir royal.

Même si ce texte fut plusieurs fois validé – partiellement – par les rois qui succédèrent à Jean sans Terre, il ne contenait encore aucune procédure, aucune garantie précise. Il posait seulement une règle, certes essentielle, mais qui méritait d'être sérieusement étoffée.

Il fallut, en Angleterre, attendre plus de quatre siècles pour qu'un mécanisme efficace soit officialisé. *L'Habeas corpus Act* de 1679, qui instaurait une procédure extrêmement précise, fut voté par le Parlement anglais dans une période de très forte tension avec le roi Charles II, à la suite d'emprisonnements abusifs ou arbitraires... *L'Habeas corpus* n'est d'ailleurs qu'un ordre adressé au geôlier pour qu'il conduise au juge dans les trois jours une personne détenue afin de vérifier sa situation et de l'interroger[7]. Mais tout est là : le juge est institué comme une autorité indépendante susceptible de mettre fin à un abus du pouvoir. Le changement de perspective est radical par rapport à l'idée d'un juge allié du pouvoir et fermant les yeux sur ses pratiques. Il n'y a apparemment rien de révolutionnaire dans cette procédure. Le juge ne revendique pas de pouvoir supplémentaire. Il demande simplement mais fermement que les règles ordinaires soient appliquées. Lorsqu'il délivre un *writ* (ordre de lui amener un détenu), il veut qu'il soit exécuté afin que le pouvoir ne cherche pas à contourner sa décision.

Toute la tradition anglo-saxonne est donc tournée vers l'effectivité. Les actes importants ne proclament pas des droits abstraits, ils ne déclinent pas une philosophie politique, mais énoncent avec précision des modalités, des procédures pour faire respecter ces droits[8].

La tradition américaine du contrôle des lois

Il est un autre pays où le juge est depuis longtemps sorti de son rôle subalterne : les États-Unis. La confiance absolue dans la loi n'est pas une évidence. Elle l'est encore moins dans un État fédéral. Il ne suffit pas d'être élu démocratiquement pour adopter des lois démocratiques. L'histoire est pleine de ces gouvernements élus par le suffrage du peuple qui ont ensuite bafoué ses droits ou porté atteinte à la dignité humaine. Pourquoi le légis-

---

7. *L'Habeas corpus* ne s'adresse pas, contrairement à ce que l'on croit habituellement, à un individu pour lui rappeler qu'il a un corps, mais au gardien de prison : « Tu as le corps d'un détenu dans ta prison, je t'ordonne de me l'amener pour examiner son cas. »

8. Voir également la *Petition of Rights* de 1628, le *Bill of Rights* de 1689.

lateur et les Parlements ne devraient-ils pas se plier à des règles supérieures ? Ils peuvent être en infraction avec une loi fondamentale. La sanction ne peut venir que d'un juge.

La Constitution américaine adoptée en 1787 posait d'emblée le principe de la séparation des pouvoirs. Les articles 1 à 3 traitent successivement des trois pouvoirs : législatif, exécutif et judiciaire. La place du « pouvoir judiciaire » est d'emblée affirmée sans ambiguïté avec l'institution d'une Cour suprême dont les juges restent en fonction « aussi longtemps qu'ils en seront dignes ». Mais c'est en 1803 que la Cour suprême s'attribue le pouvoir de contrôler la constitutionnalité des lois[9]. C'est la première fois dans l'histoire qu'une telle prétention est affirmée et concrétisée. De plus, cette position est prise par les juges eux-mêmes. Il ne s'agit pas d'une concession du pouvoir ou d'une tentative d'alliance avec un Parlement. La Cour suprême affirme, dans cette décision majeure, la capacité, non seulement pour elle-même, mais pour les tribunaux à juger de la conformité des lois à la constitution et à les écarter (comme ce fut le cas en l'espèce). C'est peut-être là l'innovation majeure : l'ensemble des juges doit être attentif à la valeur de la loi.

Les nouvelles figures du juge : le juge constitutionnel, le juge international

Après la Seconde Guerre mondiale, la nécessaire construction d'un monde nouveau en réaction contre la barbarie, a conduit à mettre autour des mêmes tables de discussion des représentants de différentes cultures politiques, juridiques et judiciaires. Le pragmatisme anglais, l'idéalisme européen, la tradition judiciaire américaine ont dû composer ensemble et se compléter.

La Déclaration universelle des droits de l'Homme est le fruit de cet éclectisme. Elle dessine, pour la première fois, de façon indirecte, une image nouvelle du juge. La démarche des rédacteurs fut de partir des droits fondamentaux. Mais, en les énumérant, le texte définit aussi ce que doit être le juge, à la fois dans son statut et dans quelques-unes de ses procédures essentielles. On voit ainsi, après qu'ont été rappelés les fondements et les buts de toute association humaine, que :

9. Affaire Marbury c. Madison, 24 février 1803.

– le juge doit être accessible à toute personne pour qu'elle puisse faire sanctionner un acte violant ses droits fondamentaux (article 8).

– Il doit être un recours contre une arrestation, une détention, un exil arbitraire (article 9).

– Il doit être indépendant et impartial pour juger équitablement, publiquement et en pleine égalité (article 10).

– En matière pénale, il doit respecter la présomption d'innocence et les droits de la défense (article 11.1) et il ne peut appliquer que des lois existant au moment des faits reprochés (article 11.2).

Ainsi se tissent les liens désormais indissociables entre la fonction de juger, ses soubassements politiques et des règles de procédure élémentaires. Il ne peut y avoir de juge dans un pays où les droits de l'Homme, les libertés fondamentales, la dignité humaine ne sont pas reconnus. Mais cette consécration ne suffit pas : il n'y a pas davantage de juge s'il est dans l'impossibilité d'appliquer ces droits de façon effective et concrète.

Qu'allaient faire les États face à ces nouvelles exigences ? Comment arriver à concilier toutes ces traditions, ces aspirations, ces indignations ? Comment construire une nouvelle justice qui évite le retour de la barbarie, qui permette au juge de s'opposer avec suffisamment de force au pouvoir, qui lui donne même le pouvoir d'écarter certaines lois non conformes aux règles fondamentales du droit, qui l'autorise à accuser même les puissants, y compris les gouvernants, et qui lui fournisse aussi un cadre de procédure digne d'une démocratie ? Il y avait fort à parier que la solution ne serait pas immédiate. Il fallait pourtant, pour que toutes ces belles déclarations au sortir de la guerre soient un tant soit peu crédibles, que quelques exemples ne tardent pas trop.

De nouvelles figures de juge ont effectivement surgi à compter de la Libération, mais elles n'ont pas directement intéressé le juge ordinaire, le « petit juge » de base, comme on ne l'appelait pas encore. Elles ont pourtant commencé une lente mutation à l'échelle du monde. Ces évolutions ne peuvent plus s'analyser dans le cadre d'un seul État. L'interpénétration des droits est devenue telle, que tout recul et tout progrès dans un pays ont des répercussions dans tous les autres. Les jurisprudences sont lues au-delà des frontières, les acteurs du monde de la justice se rencontrent d'un continent à l'autre, travaillent dans plusieurs pays. L'enjeu des procès est souvent d'ordre international.

Le premier bouleversement, le plus rapide, a concerné la généralisation du juge « constitutionnel » ainsi dénommé car il avait la charge de surveiller la régularité des lois. Beaucoup y ont vu plus qu'une évolution, presque une révolution. Plusieurs modèles ont vu le jour à partir de cette idée, désormais tristement évidente, que la démocratie n'était pas infaillible et la loi au-dessus de tout soupçon : les majorités pouvaient abuser de leurs pouvoirs, la démagogie et le populisme étaient des maux récurrents, les minorités devaient être étroitement protégées. Ce sont précisément les pays dans lesquels la démocratie avait le plus fait défaut qui, les premiers, ont suivi cette voie. Entre 1945 et 1948, l'Allemagne, l'Italie et le Japon se sont dotés de Cours constitutionnelles chargées de vérifier la conformité des lois à leurs Constitutions et donc aux droits de l'Homme. Les progrès de la démocratie dans les décennies suivantes ont été dans le même sens au sein de l'Europe entière. Dans les années 1970, les dernières dictatures de l'Europe de l'Ouest sont tombées. L'Espagne, la Grèce et le Portugal ont également adopté ce genre d'institution. La chute du Mur de Berlin et l'effondrement du bloc soviétique ont suscité la création d'organismes du même type dans les pays libérés de la tutelle communiste. En France, le Conseil constitutionnel a été créé en 1958, mais il ne s'est arrogé une large surveillance des lois qu'à partir de 1971 [10] et a attendu 2010 [11] pour pouvoir être saisi à l'occasion d'un procès particulier. Les Cours constitutionnelles existent désormais sur tous les continents (Corée du Sud, Japon, Indonésie, Colombie, Mali, Bénin, Russie, etc.). Et le contrôle de constitutionnalité, qu'il soit confié à de telles juridictions ou autorisé au juge de base, est devenu une institution ordinaire.

L'autre révolution a mis directement en face à face les juges et le pouvoir : l'impunité des gouvernants, réfugiés au sein de leurs frontières et protégés par la timidité de la justice, n'était plus possible. Défendre les libertés ne peut se faire dans le cadre étroit d'une nation. Les méfaits d'un pouvoir peuvent à l'évidence s'étendre au-delà de ses frontières naturelles. Et même

10. Décision n° 71-44 du 16 juillet 1971 qui, à propos de la liberté d'association, élargit le domaine de compétence en prenant en compte la Déclaration des droits de l'Homme et du Citoyen de 1789, le préambule de la Constitution de 1946 et « les principes fondamentaux reconnus par les lois de la République ».

11. Révision constitutionnelle du 23 juillet 2008, introduisant un article 61-1 dans la Constitution et créant la Question prioritaire de constitutionnalité (dite « QPC ») et la loi organique du 10 décembre 2009.

dans son propre pays, que risque-t-il face à un petit juge local ? Il fallait donc que la justice puisse s'attaquer aux malversations du pouvoir, tout en dépassant les frontières. Face à un danger mondial, il fallait créer un juge à l'échelle du monde.

Le jugement de la barbarie nazie a été la première mise à l'épreuve des bonnes intentions. Le juge international a vu le jour à cette époque. Le Tribunal de Nuremberg – créé dès 1945 – fut loin d'être un modèle. Le Tribunal militaire international pour l'Extrême-Orient dit tribunal de Tokyo, créé l'année suivante, fut, lui, une caricature de justice[12]. Mais, dans l'ordre juridique nouveau qui se créait, ces juridictions avaient surtout valeur de symbole. Dans leurs lourdes imperfections, elles étaient une ébauche. Toutes les questions étaient déjà là : comment composer ces juridictions ? Comment opérer un choix de poursuite parmi tous les responsables des exactions commises par un gouvernement ou un régime ? Quelle loi appliquer ? Quelles peines retenir ? Comment faire admettre que la peine de mort n'est pas une solution, même dans des cas extrêmes ? Restait l'idée que la justice, si elle voulait défendre des valeurs universelles devait pouvoir les mettre en pratique n'importe où dans le monde. Le tribunal de Nuremberg était important par l'idée qu'un responsable politique, aussi haut placé soit-il, ne jouissait d'aucune immunité. Le procès d'un chef d'État n'avait rien de bien nouveau. Louis XVI... Même Napoléon avait failli être traduit en justice. Le traité de Versailles avait programmé la mise en accusation de Guillaume II, mais le tribunal international prévu n'avait jamais pu être mis sur pied. Il a fallu attendre 2002 pour qu'entre en vigueur le statut de la Cour pénale internationale à visée universelle. Le premier tribunal pénal international susceptible de juger les crimes commis dans le monde entier par des dirigeants politiques était enfin créé ! Mille complications ont ralenti l'édification de cette institution et les obstacles sont encore très nombreux pour qu'elle puisse fonctionner normalement, ne serait-ce que l'absence de pays aussi importants que les États-Unis[13], la Russie ou la Chine. Les résultats sont pour l'instant d'une immense modestie, mais l'important est que

12. Notamment par le fait qu'il faisait volontairement échapper aux poursuites judiciaires l'Empereur dont la responsabilité était pourtant évidente, ainsi que de multiples auteurs d'atroces barbaries bénéficiant de l'indulgence intéressée des États-Unis.

13. Les États-Unis ont signé, mais n'ont pas ratifié le traité de Rome, tout comme Israël.

cette structure existe. La crainte qu'elle continue de susciter dans certains pays est bien la preuve du danger qu'elle représente pour des gouvernements ou des armées qui se pensent au-dessus des lois internationales. Il n'était plus possible, de toute façon, de continuer à créer des tribunaux internationaux à chaque guerre barbare comme l'usage s'en développait depuis les années 1990[14].

Restait la possibilité d'étendre la compétence de chaque juge de n'importe quel pays pour des crimes particulièrement graves (crime de guerre, génocide, crime contre l'humanité, torture, terrorisme...), quel que soit le lieu de leur commission. Des solutions très variées ont été adoptées selon les pays. Certains ont introduit des lois très extensives, comme la Belgique ou l'Espagne. Au grand dam des organisations internationales de défense des droits de l'Homme, ils ont dû en rabattre au prétexte que de trop nombreuses plaintes arrivaient dans leur pays. La raison en fut surtout les fortes complications diplomatiques qu'entraînaient des poursuites contre des pays alliés. Il a fallu, de plus, adapter cette compétence universelle aux nouvelles règles de fonctionnement et de compétence de la Cour pénale internationale. Il reste qu'aujourd'hui, sous certaines réserves, un simple juge peut être amené à s'intéresser à des crimes de guerre, des génocides, des crimes contre l'humanité, même s'ils ont été commis à l'étranger. Il peut aussi s'intéresser à tout type de crime commis par des gouvernements étrangers dès que les victimes sont de sa nationalité. On a vu ainsi en décembre 2010, en France, douze hauts responsables de la dictature chilienne du général Pinochet et un complice argentin condamnés – par défaut – à des peines allant de 15 ans de réclusion à la réclusion criminelle à perpétuité pour des crimes d'arrestations, d'enlèvements, de séquestrations arbitraires avec torture ou actes de barbarie commis entre 1973 et 1975 à l'encontre de quatre Français.

La Cour européenne des droits de l'Homme (CEDH), juge exemplaire

Si la figure et le statut du juge ont profondément changé en France, on le doit avant tout à un autre juge, le juge européen, la Cour européenne des

14. Le Tribunal pénal international pour l'ex-Yougoslavie (TPIY) créé par le Conseil de sécurité de l'ONU en 1993, puis le Tribunal pénal international pour le Rwanda (TPIR), créé l'année suivante, le Tribunal spécial pour la Sierra Leone créé en 2002, le Tribunal spécial des Nations unies pour le Liban en 2009.

droits de l'Homme. Elle a été créée en 1959 en application du titre II de la Convention de sauvegarde des droits de l'Homme et des libertés fondamentales de novembre 1950, dans le cadre du Conseil de l'Europe. La France s'est tristement illustrée en ne ratifiant cette Convention qu'en 1974. Il faudra encore attendre 1981 pour qu'elle permette le recours individuel du justiciable français devant la Cour européenne.

Ce juge européen a peu à peu développé une jurisprudence qui a profondément bouleversé l'ordre juridique de toute l'Europe : 47 pays aujourd'hui sont justiciables de cette juridiction, de la Russie à la France, en passant par la Turquie et le Royaume-Uni. Les condamnations qu'elle prononce contre les pays signataires ont toujours de profondes répercussions, non seulement dans le pays concerné, mais dans toute l'Europe. Car si la CEDH tient compte, dans une certaine mesure, des particularités locales et veille à la cohérence de sa jurisprudence, elle reste particulièrement vigilante sur le respect des libertés fondamentales. Ses multiples décisions ont bâti un véritable état de droit européen qui a bénéficié à tous les citoyens des pays signataires. Ce ne sont pas seulement les juges nationaux qui ont dû aligner leurs décisions sur celles, bien plus protectrices, de la Cour européenne, mais les gouvernements qui ont dû modifier leurs lois devenues incompatibles avec cette jurisprudence.

Parmi tant d'exemples possibles, on peut citer la réglementation des écoutes téléphoniques laissée à l'abandon en France par un gouvernement qui faisait traîner la question depuis des lustres et par la Cour de cassation qui refusait de se montrer plus exigeante. Il s'agissait pourtant de protéger le droit au respect de la vie privée et au respect de la correspondance, sérieusement mis à mal par les pratiques policières avec la complicité des gouvernements successifs. La Cour européenne condamna la France par deux arrêts du 24 avril 1990[15], soulignant qu'une surveillance bien plus stricte du juge était nécessaire. Dès le 27 avril, le ministre de la Justice diffusait une circulaire pour aligner la pratique sur ces exigences nouvelles et élémentaires. Quelques semaines plus tard, la Cour de cassation allait à Canossa et, par deux arrêts du 15 mai et du 17 juillet[16], retrouvait le chemin de la protection des libertés.

15. CEDH, 24 avril 1990 : Kruslin c. France, Époux Huvig c. France.

16. Crim. 15 mai 1990, Bacha, JCP 1990, II, 21541, note Jeandidier ; Crim. 17 juillet 1990, Levasseur et autres, Bull. n° 286.

Si la CEDH est devenue un exemple pour tous les juges européens, c'est qu'elle les a habitués à porter un regard critique sur les lois qu'ils ont la charge d'appliquer et qu'ils peuvent, et même doivent écarter, si elles sont contraires aux droits de l'Homme. Il ne s'agit pas pour les juges de désobéir, mais d'obéir à une loi supérieure violée par le législateur. Ce pouvoir, la Cour européenne le partage avec tous les juges de l'Europe. En effet, l'application de la Convention européenne n'est pas un monopole de la Cour : tous les magistrats de tous les pays signataires doivent l'appliquer. De ce fait, tout juge français se doit d'apprécier la conformité de la législation nationale avec la Convention. On retrouve là un mécanisme assez proche de celui retenu par le Conseil constitutionnel [17]. La Cour de cassation française a explicitement validé ce mécanisme, dit de contrôle de conventionalité, dès 1975 [18].

Le juge européen est aujourd'hui devenu le fer de lance des droits de l'Homme dans la justice. Son autorité est immense grâce notamment à la composition même de la Cour où sont nommés des juges d'une très grande compétence, déjà reconnus comme tels dans leur propre pays. Elle vient aussi de ce regard qu'elle pose en permanence sur l'ensemble des systèmes judiciaires du continent, en ayant soin de faire évoluer ceux qui sont le plus à la traîne et parmi lesquels, hélas, figure souvent celui de la France.

Le juge européen n'a pas oublié les circonstances de sa création et le préambule de la Convention qui rattachait clairement l'ensemble des libertés fondamentales à une vision politique : le maintien de ces libertés, soulignait ce texte, « repose essentiellement sur un régime politique véritablement démocratique ». La Cour européenne doit rappeler régulièrement que sa jurisprudence est inspirée par le souci de « sauvegarder et promouvoir les idéaux et valeurs d'une société démocratique [19] ». Quelle leçon pour le juge ordinaire ! Leçon d'autant plus forte que la Cour européenne ne rédige pas de dissertations philosophiques ; elle est dans le concret de la vie, dans

17. Mais le référentiel du Conseil constitutionnel français et celui de la Cour européenne (et donc des juges nationaux) ne sont pas exactement les mêmes. Le Conseil constitutionnel français veille au respect de ce que l'on appelle un « bloc constitutionnel ». La Cour européenne, elle, et les juges français, ne peuvent s'appuyer que sur la Convention de 1950.

18. Affaire Respino, Crim. 3 juin 1975 (Bull. n° 141, p. 382).

19. Kjeldsen, Busk Madsen et Pedersen, 7 décembre 1976, § 53, *GACEDH*, n° 49.

l'effectivité du droit. La Convention, rappelle souvent la CEDH, « a pour but de protéger des droits non pas théoriques et illusoires, mais concrets et effectifs ». Et c'est pourquoi toutes ses décisions sont d'une précision, d'une exhaustivité à faire pâlir les juges français et la Cour de cassation.

Cette préoccupation constante de l'effectivité s'est notamment manifestée dans les règles que la Cour européenne a progressivement posé en matière judiciaire. C'est là aussi un des apports fondamentaux de ce juge européen : sa jurisprudence a permis de construire le statut du juge ordinaire. La nécessité d'un procès équitable avait été posée par la Déclaration universelle des droits de l'Homme. Il restait à le décliner dans le détail de chaque procès particulier. C'est ce qu'a fait la CEDH. En rappelant inlassablement ce que signifiaient les droits de la défense, l'indépendance du juge, la présomption d'innocence, la durée raisonnable d'un procès, le respect du contradictoire, l'égalité des armes entre l'accusation et la défense...

Nouvelle justice, nouveau juge : le sens d'un métier

Face à toutes ces évolutions, comment la justice aurait-elle pu rester indifférente ? Pouvait-elle se construire une nouvelle tour d'ivoire pour rester à distance suffisante de ces nouvelles exigences ? En fait, le juge n'est plus vraiment le maître du jeu. Il fait irrémédiablement partie d'un ensemble. Sa place, son statut et son métier ont changé. Nous n'avons plus affaire à un notable de province pétri de conservatisme, jouant du coude dans ses réseaux, isolé dans sa classe sociale, son droit et sa culture. Le juge contemporain ressemble assez aux êtres ordinaires, mais sa vie n'est pas ordinaire. Il est confronté, en première ligne, à tous les problèmes sociaux et politiques. Qu'il le veuille ou non, tous les débats qui agitent l'opinion publique et le monde politique finissent par arriver dans son bureau, dans sa salle d'audience. Il ne pourra plus échapper à ce sort. Il doit, dans des délais souvent très courts, apporter des réponses individualisées à des questions que la société se pose depuis très longtemps et qu'elle n'arrive pas à résoudre. Tous ces litiges qui échouent devant lui, toutes ces sanctions qu'on lui demande de prononcer, signent des carences, des échecs, des naufrages pour lesquels il dispose d'un minimum de moyens. La tentation permanente est de demander à la justice de régler, à l'occasion d'un procès, la totalité du problème social, individuel ou collectif posé. La mission est évidemment impossible et le juge ne peut que s'épuiser, se désespérer et finalement se démobiliser à poursuivre une tâche qui n'est pas la sienne.

Dans la réponse qu'il va tenter, la loi est un élément indispensable, mais totalement insuffisant. Au-delà de cette loi, le juge a besoin d'un système de références stable. Par-delà les maigres solutions qu'il glane dans des codes, toujours plus épais, plus complexes, et nécessairement incohérents, il lui faut trouver une boussole. D'un gouvernement à l'autre, d'une majorité à l'autre, le maquis de la loi devient incompréhensible. À la lire, chapitre après chapitre, le dessein général a disparu.

C'est précisément ce cadre général, cette colonne vertébrale, que la sauvegarde des libertés et la défense des droits fondamentaux donnent chaque jour au juge. À chaque instant, son action est désormais subordonnée à un impératif : respecter et rendre effective, dans le domaine qui est le sien, une société démocratique. Une exigence qui ne doit pas seulement orner les colloques et décorer les discours, mais s'infiltrer dans la moindre de ses décisions et dans la totalité de sa jurisprudence.

L'inflation législative qui s'est développée depuis la Seconde Guerre mondiale est telle que ce dessein d'ensemble, cette mission première risquent de s'effacer dans un détail inextricable de lois bavardes. Le code de procédure pénale français, cette loi fondamentale de la République, en est le meilleur exemple. C'est là que nos libertés peuvent vivre ou s'éteindre. À l'époque de sa publication, en 1958, il s'agissait d'une minuscule brochure de 800 articles[20]. Il en compte aujourd'hui des milliers. Plus d'une quarantaine de réformes législatives ont totalement défiguré le texte, aujourd'hui illisible[21], et qui, de l'aveu même du ministre de la Justice, est source d'insécurité. L'architecture d'ensemble a été totalement dénaturée : la procédure « ordinaire » occupe une faible place et les procédures « exceptionnelles » sont devenues les plus importantes. Le livre IV du code qui traite « De quelques procédures particulières », est devenu monstrueux. La loi n'est plus, en fait, qu'une longue suite d'exceptions.

20. Le code de procédure pénale, dans sa version initiale de 1958 : http://ledroitcriminel.free.fr/la_legislation_criminelle/code_de_procedure_penale/anciennes_versions/cpp_leg_1957.htm (consulté le 14 mars 2011).

21. Beaucoup d'articles sont à 7 chiffres, par exemple : 695-9-1 et suivants, 706-53-13 et suivants.

La perte de sens était telle qu'en 2000, a été votée une loi[22] insérant au tout début de ce code démantibulé un « article préliminaire » dont le but était précisément de lui redonner un peu d'âme et de cohérence. Quelques lignes seulement, mais salutaires. Elles rappellent ces principes fondamentaux qui doivent éclairer tout le reste du code : une procédure équitable, préservant l'équilibre des parties, la présomption d'innocence, la garantie des droits des victimes... Cette réforme signifiait : « N'oubliez jamais que nous vivons en démocratie. Les Déclarations de droits, la Convention européenne datent de quelques décennies, mais elles sont toujours présentes, elles doivent entrer dans votre pratique. » Elle conviait le monde judiciaire à ce qui est devenu sa mission première, dont l'esprit risque de se diluer dans les zigzags d'incessantes modifications.

Une justice démocratique pour prévenir le pire

Pour éviter de retomber dans la servilité passée, comme il leur est utile, aux juges, ce souffle qui traverse la justice depuis quelques décennies ! Car, à elle seule, l'émergence des droits de l'Homme n'a évidemment pas fait disparaître les maux qu'ils tentent de combattre. Il ne suffit pas de brandir la Déclaration universelle des droits de l'Homme pour faire s'évaporer les dictatures et les abus de pouvoir. L'homme n'est pas devenu meilleur depuis 1945. Simplement, nous savons mieux ce dont il est capable et quels sont les moyens pour prévenir le pire, un pire qui se situe toujours du côté du pouvoir.

La justice n'a toujours pas de divisions, de chars, ni de troupes. Elle n'a que des mots et des valeurs. Face à la dictature, à la barbarie, au totalitarisme, elle n'a aucune force physique à opposer. Plus exactement, lorsque la dictature s'installe, nous savons que le juge ne peut plus être que complice. La principale leçon de l'histoire est là. Elle nous apprend à quel moment il faut se battre : avant. Cette prise de conscience est essentielle. Cependant, elle est inconfortable car le juge se transforme en une Cassandre, toujours aussi agaçante ; toutes les garanties qu'il veut préserver sont le fruit des malheurs anciens dont beaucoup ne veulent plus entendre parler, mais dont il prédit le retour si elles sont méprisées. Il faut agir, dit-il, avant que la catastrophe n'arrive, avant que la barbarie n'envahisse tout, avant que la place même de

22. Loi du 15 juin 2000, dite loi Guigou, renforçant la protection de la présomption d'innocence et les droits des victimes.

la justice ne disparaisse, avant que les exceptions ne deviennent la règle : une disparition qui ne s'effectue jamais d'un coup, en un trait de plume, mais par touches successives, avec les meilleurs arguments du monde et de façon toujours biaisée.

On ne peut pas être juge dans un pays de dictature. Cette fonction n'y a plus de sens. Elle ne peut servir, au mieux, que d'alibi. Quand les juges n'ont pas su, n'ont pas pu, ils n'ont qu'un devoir : démissionner, changer de métier, défendre les libertés ailleurs, autrement. À quoi peut bien servir aujourd'hui un juge en Corée du Nord ou même en Chine ? Il n'est qu'un agent soumis, un simple exécutant du pouvoir en place. De juge, il n'a que le nom. La justice doit donc déceler à temps toutes les menaces contre les libertés et dans un effort quotidien, s'imprégner de l'esprit de la démocratie dans l'ensemble de son activité.

Chaque combat, si petit soit-il, du moindre juge, dans la plus mince affaire, pour obliger à respecter les libertés, est un combat préventif. Il y porte les mêmes valeurs que dans ces affaires plus connues parce que plus médiatisées. Dans une société de starisation, les juges deviennent souvent eux-mêmes des stars parce que leurs dossiers concernent un ministre, un chef d'État, un puissant du jour. Ces procès sont toujours la traduction d'une émancipation du pouvoir judiciaire, mais c'est le plus souvent dans des affaires d'une grande banalité, concernant de parfaits inconnus que les nouveaux ressorts de la justice sont le plus visibles.

Janvier 2010, 123 immigrés clandestins Kurdes arrivent sur une plage en Corse, près de Bonifacio. Ils viennent de Syrie. Ces hommes, ces femmes, ces enfants-là, ont-ils droit aux garanties ordinaires de la justice ? Bénéficient-ils de quelques libertés ? En Syrie, certainement pas. Mais en France ? Quel procès équitable peuvent-ils réclamer ? Quels droits de la défense ? Où est le juge nouveau, celui de la Convention européenne des droits de l'Homme ? Totalement démunis, sans soutien, ces étrangers ne connaissant même pas notre langue, ils étaient la proie idéale d'un pouvoir bien décidé à mettre en œuvre, sans aucun état d'âme, une froide politique de reconduite à la frontière. Le ministre de l'Immigration, mais aussi de l'Identité nationale, Éric Besson, fier de son titre, tenait absolument à atteindre son quota chiffré d'expulsions, fixé en début d'année 2010 comme un objectif de chiffre d'affaires et à additionner 123 étrangers de plus. Un combat hautement politique. Accueillir des êtres en détresse, il n'en était pas question. Leur offrir l'asile, pas davantage. La fraternité de la République, celle des Déclarations n'existait plus. Le préfet de Corse du Sud avait notifié en urgence des arrêtés de reconduite à la frontière. Et aussitôt cette population fut dispersée dans toute la France, placée dans des centres de rétention à Marseille, Nîmes, Rennes, Lyon, Toulouse. Les juges de la liberté et de la détention de chacune de ces villes devaient statuer sur leur maintien dans ces centres. La défense s'est s'organisée avec beaucoup de rapidité et d'efficacité, de façon très coordonnée malgré la dispersion des affaires. En définitive, tous les juges ont annulé les procédures et décidé de la remise en liberté, constatant que les droits de ces étrangers avaient été violés. Les raisons ne manquaient pas. Ils avaient été détenus sans aucun titre jusqu'à leur arrivée en centre de rétention. Pas la moindre garde à vue n'avait été ordonnée, qui leur aurait permis de bénéficier d'un minimum de droits et notamment de ce droit d'asile qui fait partie des droits fondamentaux de la République[23]. Le juge de Nîmes relevait que la procédure engagée contrevenait aux conventions internationales sur les droits des réfugiés. Le gouvernement avait préféré appliquer sa politique plutôt que le droit. Le ministre se gaussait du « pointillisme juridique » des juges, mais leur défense de principes fondamentaux avait prévalu. Il préférait finalement annuler ses arrêtés de reconduite à la frontière ; les étrangers étaient pris en charge normalement par les associations d'entraide et de secours et pouvaient enfin déposer des demandes d'asile.

Cette affaire est exemplaire. Par l'unanimité des juges saisis au même moment dans plusieurs tribunaux. Par l'intervention d'avocats très compétents et très mobilisés. Par la présence aussi de plusieurs associations de défense des droits de l'Homme ou de défense des étrangers. Et même par la mise en garde d'une organisation internationale, le HCR, Haut commissariat des Nations unies pour les réfugiés[24]. Exemplaire également parce que le gouvernement essayait aussitôt[25] de trouver une parade en concoctant un projet de loi réduisant le pouvoir des juges d'annuler des procédures dans de telles circonstances.

---

23. Le préambule de la Constitution de 1946 prévoit en effet : « Tout homme persécuté en raison de son action en faveur de la liberté a droit d'asile sur les territoires de la République. »

24. Il rappelait que le placement en centre de rétention contrariait la demande d'asile qui était alors examiné selon une procédure d'urgence, dite prioritaire, beaucoup moins respectueuse des droits du demandeur (*Le Monde*, AFP, 23 janvier 2010).

25. Dans les deux mois : projet de loi relatif à l'immigration, à l'intégration et à la nationalité enregistré à l'Assemblée nationale le 31 mars 2010.

Le juge est donc loin d'être seul. S'il devient progressivement un gardien des libertés, il le doit en bonne part, aux combats menés autour de lui, par de multiples acteurs du monde judiciaire et extrajudiciaire. Par des avocats, en premier, défenseurs de l'individu, naturellement mobilisés pour faire vaincre ses droits et ses libertés. Par la société civile aussi, de plus en plus attentive et organisée.

La justice doit aussi se frotter aux puissants et là encore, l'influence d'un nouvel état d'esprit est claire. Les privilèges, les passe-droits des plus riches et des plus forts n'ont pas disparu. Mais la frilosité des juges n'est plus la règle. L'égalité devant la loi n'est plus une simple utopie. L'opération *Mani pulite* en Italie, engagée par la justice italienne à compter de 1992, est le plus fort symbole de ce genre de confrontation. Les conséquences en furent terribles et se ressentent encore nettement aujourd'hui, près de vingt ans plus tard. Cette lutte contre une corruption généralisée fut un véritable séisme politique. Des partis politiques disparurent (la Démocratie chrétienne, le Parti socialiste italien), de nombreux dirigeants politiques furent arrêtés et certains condamnés. Le plus connu d'entre eux, Bettino Craxi, finit par s'enfuir en Tunisie où il mourut. La figure de proue de cette bataille fut le juge Antonio Di Pietro qui finit par entrer en politique en 2000, après huit années de lutte acharnée.

Même les dictateurs s'inquiètent un peu. En 1998, le juge Garzón avait fait arrêter le général Pinochet à Londres. La Chambre des lords avait laissé partir l'ancien dictateur au Chili où il est mort sans avoir, en définitive, jamais été jugé. Mais chacun s'accorde à dire que Garzón a relancé l'action de la justice chilienne et même de la justice internationale. Depuis lors, 277 militaires, policiers ou civils impliqués dans les exactions de la dictature du général Pinochet ont été condamnés au Chili pour des exécutions sommaires, des disparitions, des tortures et de nombreuses procédures sont toujours en cours.

Petits ou grands, puissants ou misérables, chacun aujourd'hui ressent le changement. Les droits de l'Homme entrent en pratique. Il a fallu des siècles pour simplement les formuler, pour que l'idée apparaisse, pour que les mots soient trouvés. Il faudra évidemment d'autres siècles pour que ces paroles prennent vie. La justice devient l'un des lieux de cette métamorphose. La réforme de la garde à vue en est l'exemple saisissant.

Chapitre 2

UNE DÉFENSE EMBLÉMATIQUE DES LIBERTÉS : LA GARDE À VUE ET L'ARBITRAIRE EN FRANCE

En 2011, en France, le gouvernement a été obligé d'adopter une réforme de la garde à vue enfin digne d'une démocratie, mais dont il ne voulait absolument pas. Si le pouvoir a dû céder, c'est sous la pression de la justice. Et si les juges, certains en tout cas, se sont montrés si pressants, c'est qu'ils étaient poussés, presque contraints eux-mêmes, par ces chartes de droits surgies après la guerre. L'onde de choc a été bien longue à venir. Établir des règles dignes d'une démocratie lorsque la police doit arrêter un citoyen et le retenir contre son gré, voilà ce que les juges, forts de leur nouvelle mission, ont imposé.

Les conditions de l'arrestation et la garde à vue : un enjeu essentiel de la démocratie

Accorder autant d'importance à la garde à vue peut paraître disproportionné : ce problème ne concerne-t-il pas que les délinquants ? Les « braves gens » n'ont rien à craindre des lois ni de la police. Néanmoins, lorsque plus de 800 000 Français finissent par être placés en garde à vue, comme en 2009, chaque citoyen constate que sa propre liberté est en jeu.

Vivre dans un pays de liberté, c'est l'assurance de ne pas être arrêté de façon arbitraire et de ne pas être retenu injustement par la police ou privé sans raison de liberté par la justice. Il y a là, un des premiers critères d'une démocratie. Les arrestations arbitraires sont le signe infaillible des régimes autoritaires. Tous les sursauts d'un peuple contre ses tyrans ont commencé par cette revendication : la fin des abus de la police et d'un pouvoir complice. Notre pays le sait mieux que quiconque. Il en a fait en quelque sorte sa marque de fabrique, son étendard. Si la prise de la Bastille est devenue en France, et dans le monde, le symbole de la lutte contre l'arbitraire, c'est que cette prison était emblématique des pratiques du pouvoir absolu et du despotisme. La chute de la Bastille fut le début d'une immense Révolution. Le débat aujourd'hui – en dehors des très nombreux pays de dictature – est devenu technique. Les prisons, les lieux d'enfermement font l'objet de controverses et de discours plus procéduraux que politiques. C'est oublier que les conditions de privation de liberté doivent être surveillées par tous les peuples comme le lait sur le feu. L'insouciance de l'enfermement marque toujours la fin des libertés. « La démocratie, disait Henri Jeanson, c'est quand on sonne chez vous à six heures du matin et que c'est le laitier. »

Les premiers textes qui fondent les droits de l'Homme ont pour objet les garanties contre l'arrestation arbitraire. S'il fallait réécrire la Déclaration de 1789, qui ne parle que d'« arrestation », elle évoquerait sans nul doute aujourd'hui la garde à vue. Mais celle-ci ne date que du milieu du XXe siècle. L'article 9 de la Déclaration des droits de l'Homme et du citoyen – écrit quelques semaines après le 14 juillet – est plus que ferme sur le sujet. Il est même très menaçant pour tous ceux qui, du côté du pouvoir, oublieraient leurs devoirs : « Tout homme étant présumé innocent jusqu'à ce qu'il ait été déclaré coupable, s'il est jugé indispensable de l'arrêter, toute rigueur qui ne serait pas nécessaire pour s'assurer de sa personne, doit être sévèrement réprimée par la Loi. »

Au sortir du pouvoir absolu de l'Ancien Régime, après les lettres de cachets, parmi les premiers combats des Révolutionnaires se trouve cette revendication à ce que l'on appelle la « sûreté » : vivre en sûreté. Le mot est passé de mode en dehors du monde des juristes. La sécurité est devenue le maître mot, entendue comme la sécurité contre tous les dangers et la criminalité essentiellement. Comme si la sécurité vis-à-vis du pouvoir n'était pas la condition première de toute vie en société. La France a quelque peu négligé dans les siècles suivants cette indignation, laissant la police étendre ses droits aux dépens de ceux du citoyen. De pionnière des droits de l'Homme, elle est devenue lanterne rouge des démocraties. Les Français semblaient avoir oublié qu'ils devaient se protéger contre tous les pouvoirs, y compris contre celui de la police. Le retour rapide à la démocratie paraissait avoir gommé les turpitudes de l'Occupation : des arrestations et des internements de masse, des discriminations constantes, l'aide aux déportations, l'assistance à l'occupant, la pratique des violences et des tortures dans beaucoup de services.

Nos voisins donnaient pourtant l'exemple. Surtout ceux qui avaient recouvré la liberté un peu plus tard. Lorsque les Espagnols retrouvent la démocratie, après la mort du général dictateur Franco, une nouvelle Constitution est adoptée en 1978. Un article prévoit une procédure d'*Habeas corpus* permettant à toute personne gardée à vue de bénéficier d'un recours au juge[1]. Six ans plus tard, une loi qui la réglemente en détail[2] est adoptée. Le suspect, dès lors, jouit de droits qui faisaient rêver en France : droit de garder le silence, droit d'être assisté par un avocat pendant les interrogatoires, y compris dans les affaires les plus graves, comme celles de terrorisme.

Dans bien d'autres démocraties européennes (l'Allemagne, l'Italie, l'Angleterre, le Danemark...[3]), les droits sont équivalents avec la présence effective d'un avocat, pas simplement pour un entretien symbolique d'une demi-heure, mais pour préparer réellement sa défense et assister aux interrogatoires de police.

Police d'arrestation et politique du chiffre

L'arbitraire existe en France en matière de placement en garde à vue depuis 2002. Le constat est terrible, mais il est réel. L'observation des chiffres est déjà parlante, mais elle ne suffit pas.

1. Article 17.4 : « La loi définira une procédure d'*Habeas corpus* pour mettre immédiatement à disposition judiciaire toute personne détenue illégalement. De même, la loi déterminera la durée maximum de la détention préventive. »

2. Loi organique du 24 mai 1984.

3. Voir l'étude de législation comparée n° 204 de décembre 2009, menée par le service des études juridiques du Sénat sur la garde à vue, http://www.senat.fr/notice-rapport/2009/lc204-notice.html (consulté le 14 mars 2011).

La progression des gardes à vue (1999-2010)

Années	Total gardes à vue	Augmentation	Gardes à vue délits routiers	Toutes gardes à vue
1999	426 851	+21 731	Inconnu	
2000	364 535	–62 313	Inconnu	
2001	336 718	–27 817	Inconnu	
2002	381 342	+44 626	Inconnu	
2003	426 671	+45 329	Inconnu	
2004	472 064	+45 393	Inconnu	
2005	498 555	+26 491	Inconnu	
2006	530 994	+32 439	Inconnu	
2007	562 083	+31 089	Inconnu	
2008	577 816	+15 733	Inconnu	
2009	580 108	+2 292	220 000	800 000
2010	523 000	–57 108	177 000	700 000

Source: Ministère de l'Intérieur. Rapports annuels sur la criminalité et la délinquance constitués par la police et la gendarmerie nationales.

De 2001 à 2009, en neuf ans, le nombre de gardes à vue est passé de 336 718 à 580 108. Soit une augmentation de 243 390 (+72 %). Si l'on compte les gardes à vue en matière de délits routiers dont l'existence a été révélée en 2010, l'augmentation est encore plus impressionnante : 463 282 mesures supplémentaires (+138 %). Ce différentiel est totalement incohérent avec la baisse de la criminalité affichée sur la même période. En fait, l'augmentation des gardes à vue ne tient qu'à une volonté politique, celle de l'ancien ministre de l'Intérieur et actuel président de la République de transformer le rôle de la police pour en faire une police d'arrestation essentiellement tournée vers la répression. Cette politique, clairement affichée, est doublée d'une autre stratégie, une politique du chiffre qui tend à rassurer la population et gagner l'électorat en affichant des résultats toujours meilleurs.

L'arbitraire vient de ces mises en garde à vue à visée purement politique que les nécessités d'une enquête ne justifiaient en rien. Des citoyens ont donc été privés de leur liberté sans autre raison.

L'ancien ministre de l'Intérieur affichait clairement ses objectifs.

> « Je demande aux policiers non plus de faire de l'ordre public mais d'interpeller [...]. C'est une police d'interpellation, la police n'a pas à conduire une action sociale, la police a à conduire une action de répression pour que les citoyens puissent vivre en toute tranquillité[4]. »

Quant au nombre de gardes à vue, il fallait qu'il augmente chaque année. Dans tous les domaines, ce résultat chiffré est devenu un critère d'évaluation de l'activité des services publics. S'il est bien un lieu où cette stratégie, directement inspirée de ce que le management privé fait de pire, n'a pas sa place, c'est bien dans ce domaine de la police et de la garde à vue. Les libertés publiques sont allergiques au management. En tout cas, pendant des années, les policiers ont été notés au nombre de gardes à vue pratiquées dans leurs unités. En langage administratif, le nombre de ces mesures constituait depuis 2003 un « indicateur d'activité » ou mieux un « indicateur de performance ». Le même ministre de l'Intérieur a personnellement mis en place ce système qu'il exposait fièrement cette année-là[5] aux futurs commissaires de police, à Saint-Cyr-Au-Mont-d'Or :

> « La première [de vos responsabilités] est d'atteindre les objectifs fixés par le gouvernement. Pour cela, j'attends que vous soyez les fers de lance de la culture du résultat et de l'évaluation. Cette culture, vous devez l'instaurer au sein même de vos équipes. Et je peux vous annoncer que dès l'année prochaine, les mécanismes financiers seront en place pour récompenser les équipes les plus performantes. »

Il a fallu attendre les premières décisions judiciaires de 2010 annulant des gardes à vue et le rapport du contrôleur général des prisons de la même année pour que cet indicateur de performance lié aux gardes à vue disparaisse.

De nombreuses directives locales, demandant aux services de police ou de gendarmerie de pratiquer un quota très précis de gardes à vue, ont été reproduites dans la presse ; nous n'y reviendrons pas ici. Ces fortes incitations n'ont jamais été contestées.

---

4. Nicolas Sarkozy, RMC, 26 février 2007.

5. Nicolas Sarkozy, École de Saint-Cyr-Au-Mont-d'Or, 24 juin 2003, http://discours.vie-publique.fr/notices/033002045.html (consulté le 14 mars 2011).

Il est donc établi que des citoyens ont été placés en garde à vue, non pas en fonction des nécessités de l'enquête, mais pour remplir des statistiques ou faire croire à l'amélioration de la performance d'un service. Ces pratiques s'appellent de l'arbitraire. D'innombrables témoignages de citoyens retenus de façon aberrante ont été publiés depuis 2008 et 2009. Dans son livre, *Gardés à vue*[6], Matthieu Aron donnait la parole à de nombreuses victimes de gardes à vue abusives. Le Premier ministre, François Fillon, s'était lui-même fait l'écho du problème, en novembre 2009, estimant que la garde à vue ne devait pas être « un élément de routine[7] ».

Les gardes à vue abusives : indignité et erreur

Outre l'arbitraire, la garde à vue à la française, telle qu'elle a été pratiquée jusqu'à présent constituait un archaïsme dangereux. Personne ne demande la suppression de la garde à vue. Cette mesure répond à de réelles nécessités. Dans des affaires complexes, des arrestations groupées nécessitent des précautions particulières et notamment l'isolement de chaque suspect, le temps des premières vérifications. Pour des infractions importantes, il est nécessaire que l'enquêteur ait à sa disposition le suspect le temps de procéder à des auditions, des perquisitions, des arrestations afin qu'il n'interfère pas avec l'enquête ou qu'il ne prenne pas la fuite. Mais pour le reste, la garde à vue reste une machine à produire des aveux. Elle se caractérise essentiellement par une infériorisation du suspect, à la merci de l'enquêteur, retenu plusieurs heures, voire plusieurs jours, dans des conditions souvent à la limite de la dignité humaine. Comment s'étonner que la culture d'interrogatoire de la police, héritière directe de l'ancienne culture des juges, soit si peu conforme aux canons d'une déontologie démocratique ? Si la loi, en 1897[8], n'avait pas fait pénétrer l'avocat dans le bureau du juge d'instruction, celui-ci continuerait d'interroger les mis en examen en secret, comme les enquêteurs interrogent aujourd'hui les gardés à vue. La présence de l'avocat – d'un tiers alors constitué – civilise et humanise l'interrogateur. Il l'oblige à ne pas céder à ses penchants, à ne pas abuser d'une situation. Aujourd'hui, les garanties légales

6. Matthieu Aron, *Gardés à vue*, Paris, Les Arènes, 2010.

7. *Le Monde* et AFP, 22 novembre 2009.

8. Loi du 8 décembre 1897, dite loi Constans, du nom du sénateur qui l'avait inspirée, permettait à l'avocat d'assister aux interrogatoires de l'inculpé par le juge d'instruction.

sont dramatiquement insuffisantes. L'intervention d'un médecin évite les violences physiques. Pour le reste, les interventions des avocats et des magistrats sont si rapides ou si lointaines qu'elles n'empêchent rien. Beaucoup de citoyens ressortent d'une garde à vue indignés, traumatisés et en tout cas définitivement coupés du monde de la justice et de la loi. La garde à vue est aujourd'hui une machine à broyer la citoyenneté.

La résistance du pouvoir et la révolte des juges

Après quelques années d'étonnement au vu de l'augmentation rapide du nombre de gardes à vue à compter de 2002, l'alarme a été sonnée par beaucoup[9]. Les juges étaient les mieux placés pour constater, mesurer et comprendre le phénomène : ils l'avaient sous leurs yeux. Les procureurs de la République (et dans une très faible mesure les juges d'instruction) étaient même chargés de contrôler cette mesure. Mais que faire contre ce raz-de-marée ? Fallait-il même s'alarmer ? Ne s'agissait-il pas d'une forme de lutte nécessaire contre la délinquance ? D'un empiétement nécessaire sur nos libertés, pour venir à bout d'une criminalité galopante ?

Le système français apparaissait archaïque, en décalage non seulement par rapport aux règles européennes, mais aussi au regard des législations de la plupart de nos voisins européens. Si le juge était réellement ce gardien des libertés que nous annonce la Constitution française, il fallait qu'il le prouve et qu'il aille jusqu'à contester la loi elle-même. Or, la volonté du pouvoir était très claire. En 2003, le ministre de l'Intérieur avait même fait voter une loi aggravant encore la situation du gardé à vue et nous éloignant davantage encore du modèle européen : une loi du 18 mars 2003[10] avait supprimé l'obligation faite à l'enquêteur de notifier au gardé à vue le droit de garder le silence. Cette régression votée sous la pression des commissaires de police mettait fin, selon les parlementaires de la majorité à « l'humiliation » qu'ils ressentaient à devoir informer le suspect de ce droit[11]. La Cour européenne des droits de l'Homme avait pourtant consacré depuis longtemps le droit de

9. Serge Portelli, *Une République sous haute surveillance*, Paris, L'Harmattan, 2007, chapitre 11 : « Une police de garde à vue ».

10. Loi n° 2003-239 du 18 mars 2003 pour la sécurité intérieure.

11. Voir les travaux parlementaires, deuxième séance du 16 janvier 2003, discussion à l'Assemblée nationale.

l'accusé à garder le silence, soulignant que « le droit de ne pas contribuer à sa propre incrimination et le droit de garder le silence sont des normes internationales généralement reconnues qui sont au cœur de la notion de procès équitable [12] ».

La jurisprudence de la Cour européenne des droits de l'Homme

Face à une telle volonté du pouvoir, les juges allaient progressivement se dresser dans une coalition inédite du juge européen, des juges français de base, puis des hautes juridictions.

Ce sont les décisions de la Cour européenne des droits de l'Homme qui ont, les premières, sonné le tocsin. Entre novembre 2008 et octobre 2009, trois décisions, rendues dans des affaires concernant la Turquie et la Russie, ont posé des règles très claires d'interprétation de la Convention européenne des droits de l'Homme [13]. La jurisprudence était sans ambiguïté. La Cour déclinait le principe du procès équitable posé par l'article 6-1 de la Convention. Dans son souci de pragmatisme habituel, elle en déduisait pour tout accusé le droit à une défense « effective ». Ce droit devait s'appliquer en garde à vue, « dès le premier interrogatoire ». Le juge ne pouvait déroger à cette règle qu'au cas par cas, pour « des raisons impérieuses ». Pour rendre le message encore plus clair, la Cour explicitait ce que devait être le travail « effectif » d'un avocat pendant la garde à vue : la discussion de l'affaire, l'organisation de la défense, la recherche des preuves favorables à l'accusé, la préparation des interrogatoires, le soutien de l'accusé en détresse et le contrôle des conditions de détention. Rien à voir, donc, avec le rôle de visiteur de prison dévolu à l'avocat français. La loi française était bien en infraction avec les règles fondamentales d'une société démocratique. Mais qui allait oser le dire ?

12. CEDH, Funke c. France, 25 février 1993, §§ 39-40, série A n° 256-A.

13. CEDH, 27 novembre 2008, requête n° 36391/02, Salduz c. Turquie ; 24 septembre 2009, requête n° 7025/04, Pishchalnikov c. Russie ; 13 octobre 2009, requête n° 7377/03, Dayanan c. Turquie.

La jurisprudence des petits juges français

Forts de cette jurisprudence, quelques juges français de base ont emboîté le pas. Ils étaient sérieusement aiguillonnés par des avocats en ordre de bataille pour faire progresser, non pas leurs honoraires – bien chichement alloués pour ce type d'intervention – mais tout simplement les droits de l'Homme. Quelques avocats avaient même créé une association intitulée « Je ne parlerai qu'en présence de mon avocat ». Des modèles de conclusions aux fins de nullité étaient diffusés et présentés aux magistrats.

Fin 2009, un juge des libertés de Bobigny refusait de prolonger des gardes à vue au-delà de 48 heures en s'appuyant sur les décisions de la Cour européenne des droits de l'Homme. En janvier 2009, la Chambre correctionnelle que je préside à Paris annulait plusieurs gardes à vue au motif suivant :

> « Cet entretien de trente minutes ne correspond manifestement pas aux exigences européennes. L'avocat ne peut remplir les différentes tâches qui sont le propre de son métier et dont quelques-unes sont rappelées et énumérées par les arrêts récents de la Cour européenne... Cette mission de spectateur impuissant est d'autant plus préjudiciable que la garde à vue constitue une atteinte majeure à la liberté individuelle, majorée par ses conditions matérielles et sa fréquence [...]. Il appartient au juge français dont la mission essentielle, énoncée par la Constitution, est d'être la gardienne de la liberté individuelle, de faire respecter les principes du procès équitable, notamment dans cette composante essentielle que sont les droits de la défense [...] [14]. »

D'autres décisions de ce qu'on appelle des « juridictions inférieures » (par opposition à la Cour de cassation) allaient suivre dans les jours et les mois suivants.

Il faut un peu d'audace pour prendre ce type de décisions. *A posteriori*, elles paraissent évidentes. Sur le moment, elles le sont beaucoup moins. La culture historique de soumission est un manteau encore très lourd à porter. Le confort de la jurisprudence ordinaire est terriblement tentant. Au moment de décider, la sauvegarde des libertés voit son lustre quelque peu atténué. Elle devient subitement un lourd fardeau. La Cour européenne, à Strasbourg, paraît soudain bien lointaine. Faut-il franchir le pas ou se sou-

---

14. Paris, 12e chambre correctionnelle, 28 janvier 2010, ministère public contre Cyril B. et autres.

mettre, une fois de plus ? Que d'inconvénients en perspective ! L'enthousiasme d'un progrès décisif pour les libertés doit se mesurer au regard des innombrables obstacles qui se dressent alors avec force.

La mise à mort judiciaire de la garde à vue à la française

L'un des plus forts obstacles venait du pouvoir en place. Le ministre de la Justice s'opposait farouchement à toute réforme de ce type. Une commission, dite commission Léger, du nom de son président, avait été mise en place en 2008 par le ministre de la Justice pour réformer la procédure pénale. Son rapport avait été déposé en septembre 2009[15]. L'objectif affiché était avant tout de supprimer le juge d'instruction et de transférer ses pouvoirs à un magistrat plus docile, le procureur de la République. La garde à vue n'était pas une priorité, mais il en était néanmoins question dans ce rapport. Il était inimaginable de laisser l'avocat assister le gardé à vue pendant ses interrogatoires, car, lisait-on dans le rapport, il fallait « préserver l'efficacité de l'enquête ». Tout juste était-il concédé que l'avocat pourrait être effectivement présent si la garde à vue était prolongée de 24 heures, à condition qu'il ne s'agisse pas d'affaires graves pour lesquelles la présence de l'avocat était retardée au deuxième ou troisième jour. Il était enfin proposé la création d'une mini-garde à vue de six heures (dénommée « retenue judiciaire ») pour les infractions les moins graves, avec une simple visite de l'avocat en début de mesure. En mars 2010, le ministre de la Justice présentait un « avant-projet du futur code de procédure pénale[16] » qui, à quelques détails près, reprenait les propositions de la commission Léger. Nous étions donc toujours très loin des exigences européennes. Et le ministre de la Justice répétait inlassablement que la jurisprudence de la Cour européenne ne concernait pas la France, la loi française étant, d'après lui, suffisamment respectueuse des libertés.

Beaucoup de tribunaux et de cours d'appel suivaient sans sourciller l'argumentation du ministre. S'engager dans une annulation, c'était donc aussi se mettre en contradiction avec la jurisprudence de la Cour de cassation et de la quasi-totalité des cours d'appel.

---

15. Rapport du comité de réflexion sur la justice pénale, 1er septembre 2009, http://www.justice.gouv.fr/art_pix/1_sg_rapport_leger2_20090901.pdf (consulté le 14 mars 2011).

16. Cf. le site : http://www.justice.gouv.fr/art_pix/avant_projet_cpp_20100304.pdf (consulté le 14 mars 2011).

Quant à la police, elle s'opposait farouchement aux juges qui leur demandaient une présence effective de l'avocat dès le début de la garde à vue. Fin 2009, début 2010, en Seine-Saint-Denis, elle refusait même de procéder à des interpellations dans des affaires de stupéfiants et de criminalité organisée, contrairement aux directives que leur avaient données des juges d'instruction[17]. Des syndicats de police s'en prenaient vertement aux magistrats et aux avocats avec des arguments variés. Sylvie Feucher, secrétaire générale du Syndicat des commissaires de la police nationale (SCPN), déclarait ainsi : « Nous n'avons pas de leçon juridique à recevoir : les commissaires sont recrutés à un niveau équivalent, voire supérieur, à celui des magistrats[18]. » Le Syndicat Synergie officiers s'indignait, en octobre 2009, que les policiers soient présentés « comme les vigiles zélés d'un totalitarisme larvé » et estimait n'avoir « pas de leçons d'intégrité à recevoir de la part de commerciaux dont les compétences en matière pénale sont proportionnelles au montant des honoraires perçus ».

Malgré ces oppositions déterminées, en moins de trois mois, trois coups fatals étaient portés à la garde à vue à la française. Entre le 30 juillet et le 19 octobre 2010, les trois plus hautes juridictions imposaient une réforme enfin en accord avec une société démocratique.

Le premier coup est venu du Conseil constitutionnel, saisi selon la nouvelle procédure de la question préjudicielle de constitutionnalité[19]. Le 30 juillet 2010, il a examiné la validité du régime de garde à vue au regard non pas des règles de la Convention européenne, mais de la Constitution française et de la Déclaration de 1789. Il a estimé que le code de procédure pénale « ne permet pas à la personne ainsi interrogée, alors qu'elle est retenue contre sa volonté, de bénéficier de l'assistance effective d'un avocat ; une telle restriction aux droits de la défense est imposée de façon générale, sans considération des circonstances particulières susceptibles de la justifier, pour rassembler ou conserver les preuves ou assurer la protection des personnes ; au demeurant, la personne gardée à vue ne reçoit pas la notification de son droit de garder le silence ».

---

17. *Le Monde*, 14 janvier 2010.

18. *L'Express*, 14 janvier 2010 et le site : http://www.lexpress.fr/actualite/societe/conflit-sur-la-garde-a-vue_842195.html (consulté le 14 mars 2011).

19. Voir note 17, p. 64.

Cette décision était juridique, mais aussi politique car ce juge ne se contentait pas d'interpréter des textes, il analysait aussi l'évolution de la politique du gouvernement en matière de garde à vue. Le Conseil constitutionnel ne raisonnait pas en froid juriste, mais en juge préoccupé de la réalité du fonctionnement d'une institution. Il en concluait que son analyse devait évoluer en fonction de cette réalité-là et décidait de l'inconstitutionnalité des dispositions législatives limitant les droits du gardé à vue. Voici son texte :

> « Considérant toutefois que, depuis 1993, certaines modifications des règles de la procédure pénale ainsi que des changements dans les conditions de sa mise en œuvre ont conduit à un recours de plus en plus fréquent à la garde à vue et modifié l'équilibre des pouvoirs et des droits fixés par le code de procédure pénale ; considérant qu'ainsi la proportion des procédures soumises à l'instruction préparatoire n'a cessé de diminuer et représente moins de 3 % des jugements et ordonnances rendus sur l'action publique en matière correctionnelle ; que, postérieurement à la loi du 24 août 1993, la pratique du traitement dit « en temps réel » des procédures pénales a été généralisée ; que cette pratique conduit à ce que la décision du ministère public sur l'action publique est prise sur le rapport de l'officier de police judiciaire avant qu'il soit mis fin à la garde à vue ; que, si ces nouvelles modalités de mise en œuvre de l'action publique ont permis une réponse pénale plus rapide et plus diversifiée conformément à l'objectif de bonne administration de la justice, il n'en résulte pas moins que, même dans des procédures portant sur des faits complexes ou particulièrement graves, une personne est désormais le plus souvent jugée sur la base des seuls éléments de preuve rassemblés avant l'expiration de sa garde à vue, en particulier sur les aveux qu'elle a pu faire pendant celle-ci ; que la garde à vue est ainsi souvent devenue la phase principale de constitution du dossier de la procédure en vue du jugement de la personne mise en cause. »

Le 14 octobre, c'était au tour de la Cour européenne des droits de l'Homme d'enfoncer le clou. Là, il n'était plus possible au gouvernement de faire semblant de croire que la France n'était pas concernée : c'est la France qui était condamnée. La décision était extrêmement claire :

> « La Cour rappelle également que la personne placée en garde à vue a le droit d'être assistée d'un avocat dès le début de cette mesure ainsi que pendant les interrogatoires, et ce *a fortiori* lorsqu'elle n'a pas été informée par les autorités de son droit de se taire... L'avocat n'a donc été en mesure ni de l'informer sur son droit à garder le silence et de ne pas s'auto-incriminer avant son premier interrogatoire ni

de l'assister lors de cette déposition et lors de celles qui suivirent, comme l'exige l'article 6 de la Convention [20]. »

Quatre jours plus tard, la Cour de cassation se rangeait à cette jurisprudence. Dans trois arrêts du 19 octobre 2010 [21], elle constatait à son tour que « toute personne soupçonnée d'avoir commis une infraction doit, dès le début de la garde à vue, être informée de son droit de se taire et bénéficier, sauf renonciation non équivoque, de l'assistance d'un avocat ». Seules des « raisons impérieuses tenant aux circonstances particulières de l'espèce » pouvaient contrarier ce principe.

La réforme législative

C'en était donc fini de cet archaïsme. Une longue page d'histoire était tournée. Les juges avaient fait reculer le pouvoir, lui imposant les limites des droits de l'Homme. On voyait ainsi quelles pouvaient être la vigueur et la force de ces principes, mais aussi quelle était la complexité de cette mission de sauvegarde des libertés. Soixante ans après sa rédaction, la Convention de sauvegarde des droits de l'Homme et des libertés fondamentales porte encore et toujours ses fruits, présente au premier plan d'un débat fondamental pour les libertés. Cette présence et cette effectivité, elle le doit à la persévérance, à l'obstination, au courage des juges, mais aussi à leur sagesse. Car il a fallu du temps pour que cette parole de liberté s'affirme et s'impose. Du temps aussi pour que la perversité d'un système devienne évident à tous. Ou presque. Le juge a accompagné une évolution de l'opinion publique, mais il a aussi participé à cette prise de conscience progressive.

La diversité des juges qui ont participé à cette « révolution » n'a finalement pas nui à leur efficacité. Le dynamisme collectif est venu du fonds commun de la défense des libertés. Peu importe qu'il se soit agi d'un grand ou d'un petit juge, qu'il soit français ou européen. Mais ces juges ont été puissamment aidés par leur entourage naturel : les avocats, fortement mobilisés, mais aussi les multiples associations ou organismes dédiés aux droits de l'Homme.

---

20. 14 octobre 2010, requête n° 1466/07, Brusco c. France.

21. Arrêts de la Chambre criminelle de la Cour de cassation n° 5699 (10-82.902), n° 5700 (10-82.306) et n° 5701 (10-85.051) du 19 octobre 2010.

Le gouvernement a dû revoir une énième fois sa copie. Après quelques tergiversations, il a proposé un texte de loi qui, s'il est loin d'être parfait, reprend l'essentiel des exigences rappelées par les juges. La preuve est ainsi faite que l'excès de pouvoir de l'État peut être stoppé par une mobilisation des juges. La leçon vaut d'être retenue car la démocratie est menacée par la montée d'un nouveau péril, le sécuritarisme.

Partie III

LA MONTÉE D'UN NOUVEAU PÉRIL, LE SÉCURITARISME

Chapitre 1

NOUVEAU PÉRIL, NOUVEAU DÉFI POUR LE JUGE

La servitude volontaire du juge n'est pas un simple souvenir. Le pire a été évité. Les démocraties ont survécu. Elles se sont protégées d'une armature juridique impressionnante même si son efficacité est largement perfectible. Les juges se sont vus dotés d'instruments nouveaux ou ils s'en sont emparés. Ils ont, aujourd'hui, les moyens juridiques d'être les vigies de la liberté et des droits fondamentaux. Mais cette montée en puissance est lente. Parce que les juges sont encore timides ou frileux, que leurs pouvoirs sont récents, qu'ils restent encore prisonniers de la longue histoire de leur servitude et que les moyens de travailler, voire d'exister en tant que juges, leur sont alloués chichement. Lente aussi car le pouvoir politique peine à admettre les nouvelles règles du jeu. Parce que le combat pour la démocratie doit encore être mené vigoureusement en France comme ailleurs. Les dictatures fleurissent encore dans le monde même si le vent de la liberté souffle toujours.

La menace a changé. Elle prend d'autres formes, d'autres arguments. Les libertés et la démocratie ont toujours le même adversaire : le pouvoir et ses possibles abus. Mais l'angle d'attaque est différent : si le pouvoir, aujourd'hui, est reparti à l'assaut des libertés, c'est toujours pour le bien de l'humanité, certes, mais cette fois-ci pour protéger les hommes contre eux-mêmes ou, en tout cas, une partie d'eux-mêmes. Dans sa grande générosité, dans le souci constant de notre bien-être et de notre tranquillité, le pouvoir veut assurer notre sécurité contre tous ceux qui veulent ou peuvent l'assaillir. Le terrorisme et la criminalité sont désignés comme les véritables causes de notre malheur, et derrière eux, quelques catégories de population qui en seraient le terreau. Démagogie et populisme sont les nouveaux vecteurs de cette idéologie sécuritaire qui promet demain, après l'éradication de ces maux, la paix absolue ; au prix évidemment de quelques-unes de nos libertés, car le paradis sécuritaire ne peut survenir, sur terre, sans un programme de surveillance, d'enfermement et d'exclusion drastiques visant tous ceux qui, à un titre ou un autre, recèlent le germe du crime ou l'ont déjà exprimé. L'ennemi déclaré est l'homme dangereux que, pour le bien de tous, il faut repérer le plus tôt possible et neutraliser le plus efficacement possible : c'est un ennemi intérieur, difficilement décelable sans des moyens de contrôle et de détection performants.

Dans cette idéologie et cette stratégie, les organes habituels de l'État doivent évoluer pour s'adapter à la lutte contre l'insécurité, la justice comme les autres. La place du juge change du tout au tout. À sa mission de décider d'une culpabilité et de prononcer une sanction proportionnée s'en ajoute une autre, contradictoire, celle de désigner les hommes dangereux et d'aider le pouvoir à les neutraliser. Le juge est sommé de contribuer à mettre en place une société de surveillance étroitement maillée. L'humanité doit être sévèrement contrôlée, pour son bien. Le juge doit être l'un de ses bienfaiteurs aux côtés du pouvoir. Cette conception du juge l'éloigne radicalement de la mission de sauvegarde des libertés qu'il venait de conquérir. Il n'y a d'autres façons de le contraindre à prendre ces nouveaux vêtements sécuritaires que de réduire son rôle, et de le métamorphoser en un simple maillon d'une chaîne de sécurité. Tel est le terrain de la nouvelle bataille des juges et l'enjeu d'un nouveau combat pour la démocratie. Après le juge servile, soumis au pouvoir, arrive le juge pion, simple gestionnaire des exclusions.

La tentation de la sécurité absolue

Les tenants du totalitarisme à l'ancienne ont disparu. En France, même s'il existe encore de nombreux nostalgiques de Vichy, même si sa pathologie de l'ordre prospère toujours, même si l'antisémitisme, le racisme et la xénophobie sont toujours vivaces, voire florissants, les dangers qui menacent la démocratie ont changé depuis un demi-siècle, depuis ce temps où les pays vainqueurs avaient élaboré un droit, des textes et des institutions qu'ils pensaient une garantie suffisante.

D'autres périls apparaissent. Le principal danger, le plus insidieux, le plus lourd de maladies mortelles pour la démocratie est le sécuritarisme. Terriblement sournois, car qui irait contre l'apparent dessein de cette idéologie : vivre tranquillement ? Qui oserait dire : j'accepte de vivre dans l'insécurité ? Tout homme aspire à ne pas être volé, attaqué, blessé, violé, mutilé... Cette aspiration a longtemps été un simple souhait. La criminalité faisait partie des « malheurs du temps » au même titre que les épidémies, les tremblements de terre... La sagesse populaire y voyait une fatalité, ou en tout cas un mal inévitable. Il fallait certes s'en protéger. Mais la dureté des lois, les barbaries de la torture et des supplices, la fréquence des exécutions capitales suffisait à calmer le désir de vengeance. Les lois se sont policées, la peine de mort a disparu dans beaucoup de pays, la torture s'est faite plus discrète. Les sciences humaines nous ont permis de mieux comprendre quelques-uns des processus conduisant à la criminalité. Pour autant, celle-ci n'a pas disparu, loin de là. Elle a pris d'autres formes qu'expliquent les mutations fondamentales de la société.

Nous sommes actuellement face à un discours catastrophiste mettant en avant les menaces que font peser diverses criminalités. Ce discours est presque impossible à discuter ou à dénoncer tant il est entré dans notre façon de penser et dans un langage dévoyé (« monstres », « prédateurs », « détraqués sexuels »), alimenté en boucle par une imagerie télévisuelle de violence et relayé au plus haut niveau de l'État. Comment imaginer qu'une violence bien pire existait avant nous ? Il est interdit d'en parler : il serait presque indécent, comme une sorte d'injure aux victimes présentes que de parler des victimes passées. Cette démarche non seulement banale, mais indispensable pour l'historien, serait nécessairement le signe d'un laxisme, d'une naïveté, d'un angélisme incurables et la preuve irréfutable d'une incapacité radicale à analyser et à traiter la criminalité d'aujourd'hui.

Une constante méconnue de l'histoire

Pendant des siècles et des siècles, la criminalité a pourtant été le lot commun de l'humanité. L'insécurité a été une donnée de base de toutes les sociétés. Insécurité domestique ou publique, car la criminalité au sein des familles était tout aussi terrible que celle subie à l'extérieur du foyer familial. Les quelques données que nous possédons sur l'histoire de la violence et de la criminalité nous montrent, dans les temps anciens, une insécurité maximale[1]. Nous sommes très loin des idées toutes faites sur le glissement progressif de l'humanité vers la violence. Tout indique, bien au contraire, sur l'échelle de l'histoire, que nous sortons de la barbarie et que nos sociétés n'ont jamais été aussi policées. Les crimes terribles, les assassins en série, les crimes sexuels odieux, les meurtres de chefs d'État, les attentats collectifs ont toujours existé. L'histoire des assassins célèbres a surtout été écrite avant le XXe siècle. Le tueur en série est une très ancienne spécialité bien antérieure à Jack l'Éventreur[2]. La pédophilie a existé de tout temps. Massacrer, torturer et abuser des enfants : difficile de faire pire que Gilles de Rais au XVe siècle[3]. Même le terrorisme a largement plus d'un siècle. Ravachol a été guillotiné en 1892 après plusieurs attentats contre des magistrats. Auguste Vaillant, l'année suivante, lance dans le parlement une bombe qui fait une cinquantaine de blessés. L'année suivante, en 1894, Sante Geronimo Caserio tue le président de la République, Sadi Carnot, à Lyon au cours d'une cérémonie publique, d'un coup de couteau en plein cœur. Difficile de concevoir un terrorisme qui s'attaque davantage au cœur de l'État.

De tels événements, s'ils survenaient en 2011, déclencheraient des réactions sans fin. Les attentats de 1892-1894 en France avaient déjà été à l'origine de ce qu'on a appelé les « lois scélérates[4] ». Mais elles ne sont rien face à la vague de lois sécuritaires qui ont été votées aux États-Unis et en Europe après les attentats du 11 septembre 2001.

Il est presque impossible de tenter des comparaisons entre les criminalités de différentes époques. Nous ne disposons pas des outils nécessaires. Le recensement des délinquances est un phénomène extrêmement récent sur l'échelle de l'histoire. Les statistiques criminelles dont on connaît aujourd'hui l'extrême difficulté n'existent que depuis le XIXe siècle. C'est seulement

1. Jean-Claude Chesnais, *Histoire de la violence, les hommes et l'histoire en Occident de 1800 à nos jours*, Paris, Robert Laffont, coll. « Les hommes et l'histoire », 1981.

2. Tel est le surnom qu'on donna à celui qui tua cinq prostituées en 1888, à Londres, mais ne fut jamais identifié.

3. Gilles de Rais a été maréchal de France et compagnon d'armes de Jeanne d'Arc. Il fut pendu puis brûlé avec ses complices en 1440, accusé d'avoir tué au moins 140 enfants.

4. Trois lois votées en 1993-1994 et qui visaient directement le mouvement anarchiste, ou créaient de nouveaux délits ou bien encore facilitaient les poursuites.

en 1827 qu'est édité le premier « Compte général de l'administration de la justice criminelle[5] ».

De nouvelles formes de délinquance sont nées dans le siècle dernier, mais elles ne sont pas à l'origine du sécuritarisme. La délinquance économique et financière a pris une ampleur inégalée, la fraude fiscale notamment est une des délinquances les plus coûteuses pour la société. Mais les pouvoirs publics s'en préoccupent en général assez peu. La grande délinquance organisée, en « bande organisée », comme le disent les juristes, s'est développée à l'échelle du monde. Bien que les gouvernements aient réagi, l'opinion publique s'y intéresse faiblement. La cybercriminalité, elle aussi, est née avec l'apparition de nouvelles technologies, mais elle reste surtout un sujet de curiosité.

En fait, les crimes qui suscitent le plus d'émotion, ceux dont on parle le plus aujourd'hui, sont des crimes connus depuis longtemps. La sidération créée par les actes terroristes, l'effroi devant des crimes monstrueux, l'indignation devant la criminalité sexuelle : toutes ces réactions existent depuis aussi longtemps que les actes eux-mêmes. Ce qui change, c'est le regard porté sur eux et leur intégration dans un discours global sur la sécurité.

La montée en puissance du discours victimaire

L'apparition, la montée en puissance, puis l'envahissement d'un discours victimaire est aussi un phénomène capital qui bouleverse de nombreux équilibres et pas seulement juridiques ou judiciaires. L'analyse est difficile car il faut faire la part du réel et de la mise en scène, celle du phénomène social et politique réel et de son exploitation démagogique éhontée. Car il n'y aurait rien à dire ici de ce mouvement, sauf à s'en féliciter, s'il ne visait qu'à donner leur juste place aux victimes, longtemps oubliées, ignorées, voire méprisées par la machine judiciaire, ou s'il ne tendait qu'à leur donner des droits trop longtemps négligés par le législateur. Toutes ces revendications sont non seulement légitimes, mais nécessaires. Toutefois, les victimes sont également utilisées dans le discours et les dispositifs sécuritaires, contre leur intérêt même.

---

5. Bruno Aubusson de Cavarlay, « Des comptes rendus à la statistique criminelle : c'est l'unité qui compte (France XIXe-XXe siècles) », *Histoire & Mesure*, Éditions EHESS, volume XXII, nº 2, Paris, 2007, http://histoiremesure.revues.org/index2493.html (consulté le 14 mars 2011).

Les victimes ont pris la parole, sans qu'on la leur donne, et elles continueront de la prendre. Les luttes féministes des années 1970, les combats pour les droits de l'enfant, ont été suivis de bien d'autres. De nombreuses associations se sont créées et ont pu faire entendre leurs voix dans des domaines aussi divers que le terrorisme, les meurtres d'enfants, les accidents médicaux, la délinquance routière... Elles sont à l'origine de beaucoup de réformes qui ont accru les droits des victimes.

Parmi tous les symptômes de ce mouvement, le phénomène des « marches blanches » est un des plus révélateurs. Chacun se souvient de l'affaire Dutroux : l'enlèvement et la séquestration de six enfants, en 1995 et 1996, par Marc Dutroux, aidé de sa compagne, Michelle Martin. Quatre de ces jeunes victimes furent tuées, deux furent retrouvées à temps, Sabine Dardenne et Laetitia Delhez. Ce drame est exemplaire de la nouvelle place de la victime et de ses conséquences. L'opinion publique belge s'était emparée de l'affaire. Elle l'avait suivie passionnément, mais ne s'était pas seulement contentée de la regarder. La population belge s'était manifestée à plusieurs reprises. Une marche blanche avait été organisée le 20 octobre 1996, rassemblant des centaines de milliers de personnes à Bruxelles. Marche silencieuse, sans slogan, pour exprimer une émotion, une colère, une solidarité. Ces marches silencieuses sont devenues un phénomène courant, presque banal, à chaque fois qu'un crime atroce est commis. La famille, les proches et bien d'autres défilent dans la rue, dans le recueillement et la tristesse. Comment ne pas respecter cette émotion populaire, dans sa force et sa dignité ? Les victimes et leurs proches ont été les fers de lance de multiples réformes dont la démocratie ne peut que se féliciter et elles ont été le plus souvent soutenues par les juges.

Débordements et récupérations

Il était inévitable que ces nouveaux venus sur la scène politique essaient d'y jouer un rôle et soient l'objet de convoitises. Pour des partis politiques en mal de légitimité, la récupération était tentante.

Le passage direct en politique a été rare et le plus souvent décevant. En Belgique, le père d'une des victimes, Paul Marchal, après le succès de la marche blanche avait fondé un parti politique, le Parti pour une nouvelle politique. Puis il a renoncé et son parti a disparu. La mère d'une autre victime, Carine Russo, a été cooptée sénatrice en 2007 sur une liste écologiste (Écolo). Deux ans plus tard, elle démissionnait.

Le monde politique s'intéresse de préférence à la victime en tant que telle, sans chercher à l'agréger à ses troupes. Elle sert, hélas, le plus souvent, de faire-valoir ou d'argument, au service d'une politique sécuritaire. L'actuel président de la République français est passé maître dans ce genre d'exercice. Chaque affaire permettant d'illustrer sa politique pénale est exploitée sans vergogne. Le discours charrie l'émotion et la compassion jusqu'à l'écœurement. Les détails des crimes sont rappelés répétitivement. Les victimes ou leurs parents reçus devant force caméras et micros. Et le tour est joué lorsque la mère d'une victime est mise au service de la campagne électorale : « La maman de Ghofrane[6] m'a demandé, si j'étais élu, de faire voter une loi sur les multirécidivistes[7]. » Chaque loi sécuritaire est ainsi dédiée à une ou plusieurs victimes. Le discours politique devient une sorte d'incantation démagogique et de martyrologie impudique.

On ne peut que comprendre la volonté des parents des victimes, écrasés de douleur, que le drame ait au moins une utilité pour l'avenir, que l'analyse des circonstances et des causes du crime permette d'éviter la répétition d'erreurs ou de négligences. Le danger de cette attitude est qu'elle fait un tri contestable dans l'enchaînement des facteurs qui ont conduit au drame. Elle met le plus souvent l'accent sur des défaillances supposées ou réelles, imputables aux services d'enquête ou de justice et appelle à des mesures d'enfermement toujours plus longues et sévères, censées éviter le crime.

Ces représentants de victimes rejoignent ainsi le discours populiste qui tente à toute force de s'identifier à elle, sans la moindre expertise, sans le moindre recul, en oubliant totalement le rôle d'équilibre et de tiers de l'État. En effet, l'État et ses représentants, en matière de justice, ont un rôle différent vis-à-vis de tous les acteurs : ils ne représentent pas plus la victime que le délinquant et le rôle nécessairement protecteur à l'égard de la victime ne peut en aucun cas signifier une identification. Ils ne sont pas le porte-parole de qui que ce soit, si ce n'est de l'intérêt supérieur de la nation. C'est ce qui a

6. Son enfant avait été victime d'une agression au cours de laquelle il avait été brûlé.

7. Déclaration de Nicolas Sarkozy le 15 avril 2007, à la veille des élections. Cité dans Serge Portelli, *Le sarkozysme sans Sarkozy*, Paris, Grasset, 2009.

été totalement perdu de vue ces dernières années et façonne peu à peu un discours sécuritaire totalement ancré sur la compassion.

On assiste dès lors à des dérives au sein même de la justice où la place de l'État est normalement tenue par le procureur de la République, et celle de la victime, par la « partie civile » assistée de son conseil. De plus en plus de ces parties civiles en viennent à supplanter les procureurs et à tenir le discours de l'accusation. Parmi tant d'exemples, celui du procès de l'enlèvement et du meurtre d'Ilan Halimi, plus connu sous le nom de procès du « gang des barbares ». Après un verdict reflétant à peu de choses près les réquisitions d'un avocat général qui s'en estimait satisfait, on a vu l'avocat des parties civiles obtenir de la Garde des Sceaux un appel contre la décision de la cour d'assises, appel qu'il n'était pas en droit de formuler. Il a même obtenu de députés qu'ils présentent une proposition de loi modifiant la procédure de la cour d'assises pour satisfaire les intérêts de ses clients.

La confusion s'installe à tous les niveaux. « Les droits de l'Homme, pour moi, ce sont avant tout les droits de la victime », affirme Nicolas Sarkozy, alors ministre de l'Intérieur, le 3 juillet 2006. « La victime doit compter plus que le délinquant », soutient la ministre de la Justice, Rachida Dati, en 2007[8], en annonçant la création d'un « juge délégué aux victimes » (JUDEVI) dont on se demande toujours en 2011 quel en est l'effectivité, si ce n'est de mélanger inextricablement le rôle de juge et celui de défenseur des victimes[9].

8. Rachida Dati, discours du 6 juillet 2007.

9. D'après Nicolas Sarkozy, alors ministre de l'Intérieur, Gif-sur-Yvette, le 3 juillet 2006 : « Ce juge des victimes aurait également pour tâche de suivre la victime, de l'assister dans son processus de reconstruction, voire parfois de réinsertion dans la vie normale. »

Chapitre 2

LA DOCTRINE SÉCURITAIRE

Épousant totalement la cause et le discours des victimes, utilisant la peur suscitée par une criminalité réelle mais surexposée et surexploitée, un nouveau discours sécuritaire apparaît, avec son langage, ses stéréotypes, ses slogans... Ses « vérités » officielles sont difficilement discutables tant ce credo a envahi nos pensées. Elles tiennent en quelques dogmes, au premier rang desquels la sécurité absolue qui, nous promet-on, est à nos portes.

Ce mythe de la sécurité absolue a remplacé d'autres utopies. On pourrait croire le sujet limité aux questions de justice, y voir une affaire de professionnels avec de brèves incursions du politique, plus préoccupé par des problèmes classiques de gouvernance : l'économie, l'emploi, les relations internationales, la santé... Mais dans beaucoup de pays, la sécurité est devenue le thème politique majeur, l'enjeu des grandes et des petites compétitions électorales et la source d'incessantes réformes législatives qui, bien au-delà des simples questions de criminalité, bouleversent l'équilibre global des institutions et menacent la nature même de la société. Pour ne prendre que l'exemple de la France, les dernières campagnes électorales ont fait des problèmes de sécurité et de justice un enjeu majeur. En 2002, celles de Lionel Jospin et Jacques Chirac ont tourné essentiellement autour de ce thème et plus particulièrement de la délinquance des mineurs. En 2007, la sécurité et le problème de la récidive ont été un des axes des élections présidentielles.

L'envahissement du discours et l'irruption de l'irrationnel

L'envahissement du discours sur la sécurité ne peut plus être contesté. Il est une donnée sur laquelle il est impossible de revenir. La démagogie qui le sous-tend ne doit pas masquer cette réalité politique et sociale. Le changement de vocabulaire est d'ailleurs significatif. Nous sommes passés du fait divers au drame, des problèmes de délinquance aux problèmes de sécurité. Ce qui relevait de « spécialistes » ou de professionnels est désormais du domaine public, de l'opinion publique, discuté en famille, disputé sur les plateaux de télévision et étalé dans les combats politiques.

Mais ce qui aurait pu rester de l'ordre de la raison est passé rapidement du côté de l'irrationnel. Le discours relativement scientifique, ou en tout cas à prétention scientifique, qui était tenu jusque dans les années 1990, a subitement été supplanté par un langage à base d'émotion et de populisme, fondé sur la peur. La logique médiatico-politique a fait le reste. Une poignée d'affaires sordides, de meurtres commis par des tueurs en série ou des récidivistes, souvent sur des enfants, a suscité de véritables émotions populaires. Nombre de politiques y ont vu l'occasion de surenchères permanentes et de succès électoraux. Le mouvement s'est surtout développé aux États-Unis où la délinquance et la violence sont sans commune mesure avec l'Europe. En France, le message de peur s'est déversé plus lentement. Le 18 février 1976, Roger Gicquel, présentateur du journal télévisé de 20 heures, commence par cette phrase restée célèbre : « La France a peur. » Le petit Philippe Bertrand qui avait été enlevé et pour lequel le ravisseur avait demandé une rançon, venait d'être retrouvé, mort. « Chaque père, chaque mère a la gorge nouée quand il pense à ce qui s'est passé à Troyes. » Mais à l'époque le journaliste pouvait encore tenir un langage de raison :

> « Et c'est déjà un sentiment qu'il faut que nous combattions, je crois, parce qu'on voit bien qu'il débouche sur des envies folles de justice expéditive, de vengeance immédiate et directe, et comme c'est difficile de ne pas céder à cette tentation quand on imagine la mort atroce de cet enfant [1]. »

1. Journal de 20 heures de TF1, 18 février 1976, INA, http://www.youtube.com/watch?v=KBxfS4UNWzc (consulté le 14 mars 2011).

Progressivement ce qu'on appelait encore le « fait divers » a envahi l'information télévisée[2]. Toutes les études menées sur le sujet constatent cette montée en puissance progressive de la part des journaux télévisés consacrée à la violence criminelle et à la délinquance en général : de 4 % dans les années 1970, on passe à 18 % en 2002.

La lente progression du traitement télévisuel de la criminalité a coïncidé avec son retraitement politique. L'événement a pris l'avantage sur l'analyse, laissant la place à l'émotion et à l'indignation. La réflexion sur le crime, sans déserter le politique, a commencé à devenir suspecte. Étaient privilégiées la réaction, la réponse, la sanction. Il ne pouvait en résulter qu'une simplification du problème criminel, loin de tous les enseignements des sciences humaines accumulés depuis plus d'un siècle. Au sensationnalisme médiatique correspondait l'appauvrissement de la pensée politique. Pouvaient ainsi germer des politiques simplistes, à base de solutions radicales et donc nécessairement fausses. Le pire est arrivé : la criminalité est entrée dans le champ des promesses électorales. Elle y était depuis longtemps aux États-Unis où, rappelons-le, les juges sont élus. En France, ont pu alors proliférer toutes les idées reçues du populisme pénal souvent importées directement d'outre-Atlantique.

La tolérance zéro

L'un des plus beaux fleurons de ce discours sécuritaire, le slogan sur la « tolérance zéro » est né précisément aux États-Unis, plus de trois siècles après le *Traité sur la tolérance* de Voltaire. Il se décline comme une sévérité sans faille que rien ne viendra faire vaciller ou faiblir. Vieille d'un peu plus d'un quart de siècle, la tolérance zéro fleure la répression à tous crins. Les mots sont suffisamment explicites : ne rien laisser passer, tout poursuivre, répondre au moindre acte de délinquance et y répondre tout de suite, sans chercher de circonstance atténuante. Dans cette doctrine, le type de réponse importe moins que la réponse elle-même : il ne faut pas laisser se développer

---

2. Claire Sécail, chargée de recherche au CNRS, laboratoire communication et politique : *Crime à l'écran. Le fait divers criminel à la télévision française, 1950-2010*, Paris, Nouveau Monde Éditions/INA, 2010. On peut lire sa thèse sur http://recherche.telecom-bretagne.eu/labo_communicant/surlejournalisme//wp-content/uploads/2009/03/these-secail.pdf (consulté le 14 mars 2011).

Voir aussi « Le populisme pénal de Nicolas Sarkozy », *Le Monde*, 15 février 2011.

un sentiment d'impunité qui serait le meilleur terreau de la délinquance et de la récidive. L'absence de sanction immédiate serait ressentie comme un encouragement. C'est ce qui est retenu de la théorie de la vitre brisée : si elle n'est pas remplacée rapidement, c'est tout le bâtiment qui risque d'être vandalisé. L'idée n'a rien de très original ; elle rejoint le discours réactionnaire ordinaire sur la sévérité pénale qui est le même depuis la nuit des temps. Dans cet océan de noirceur et de barbarie, les Lumières et quelques-uns de leurs adeptes avaient, dans le courant du XVIIIe siècle, demandé un peu de réflexion, d'indulgence et d'humanité. La torture – légale en tout cas – avait disparu ; la peine de mort s'était quelque peu raréfiée. La tolérance zéro n'était donc qu'un retour à la vieille tradition d'extrême sévérité, à l'issue d'une parenthèse de quelques décennies.

Une dizaine d'années après sa formulation[3], le maire de New York, Rudolph Giuliani, en fit l'un de ses chevaux de bataille électoraux. Il fut élu pour deux mandats successifs de 1993 à 2001, sur un programme de lutte contre la criminalité fondé notamment sur la tolérance zéro. Les résultats statistiques furent au rendez-vous, mais beaucoup affirment que cette baisse ne devait rien à la politique du maire, mais plutôt aux conditions économiques, d'autant que la criminalité avait baissé à cette époque dans l'ensemble des États-Unis. Les conséquences indiscutables furent en tout cas une répression féroce de la petite délinquance, voire de la toute petite délinquance, une guerre sans merci contre les laveurs de pare-brise, les prostituées et les sans-abri, un accroissement spectaculaire de l'emprisonnement, toujours plus d'abus policiers, des forces de l'ordre en surnombre accusées de violence et de racisme... L'apparence de la criminalité, celle qui est visible dans la rue, a à peu près disparu. New York est presque propre. Il n'y a plus de clochards sous les porches. La ville est plus sûre. En tout cas plus qu'avant. Mais à quel prix ? Et qu'en est-il des autres délinquances ? Celles qui ne se voient pas ? La délinquance financière, la corruption ? Rudolph Giuliani a quitté la mairie de New York bien plus riche qu'il n'y était entré. Il a eu le don de vendre ses discours à 100 000 \$ et sa politique. Non seulement aux New-Yorkais mais, à prix d'or, à d'autres villes, telles que Mexico.

3. Dans la revue *The Atlantic Monthly*, en 1982, par les universitaires James Wilson et Georges Kelling.

Un de ses admirateurs fut Nicolas Sarkozy qu'il rencontra à New York en août 2002 dans les bureaux de sa société pour lui exposer ses théories[4]. Le ministre de l'Intérieur en revint convaincu, non seulement du mérite de la « tolérance zéro », mais de l'autre pilier de la doctrine sécuritaire, la politique du chiffre.

Le chiffre sécuritaire, arbitraire et mensonge

La doctrine de la tolérance zéro a pour cible essentielle la petite délinquance. Elle met en branle une machine policière importante, tout entière tournée vers une masse de petites affaires. La justice est priée de suivre le mouvement. Les juges ne recherchent pas les délinquants, ils s'occupent des hommes et des femmes qu'on leur conduit. Il est difficile, dans le court terme, de porter une appréciation sur l'efficacité de ce type de politique. Elle entraîne nécessairement des arrestations massives, des emprisonnements en nombre. Mais surtout cette doctrine se vend, comme on vend n'importe quel produit. Le marketing est une composante primordiale de la doctrine sécuritaire. Le service après-vente doit, lui aussi, être performant : il faut convaincre la population que le système marche, mais surtout fournir des statistiques qui soient toujours meilleures. La criminalité doit impérativement baisser : c'est le but de l'opération, le succès électoral en dépend. Le taux d'élucidation de la police doit toujours s'améliorer : c'est la preuve de son efficacité. Le nombre de contrôles, d'arrestations ou de gardes à vue doit rester élevé. Il apporte la preuve du sérieux de la répression. La difficulté est qu'on ne gère pas la criminalité comme une entreprise, que le nombre de crimes et délits dépend de multiples facteurs dont une large part échappe à tout système de gouvernance politique : des facteurs économiques, sociaux, techniques... La conséquence de ce type de politique est que les statistiques sont manipulées, la tricherie s'installe partout. La police privilégiant les opérations qui permettent de faire évoluer les statistiques dans le sens désiré. Non seulement les chiffres sont faux, mais l'action de la police finit par s'en ressentir car les petites affaires (usage de stupéfiant, séjour irrégulier...) sont statistiquement payantes. En revanche, elles ne font pas reculer la grande délinquance.

4. Visite de Nicolas Sarkozy à New York, journal télévisé de France 2, 24 août 2002, INA, http://www.ina.fr/video/2088865001033/new-york-visite-nicolas-sarkozy.fr.html (consulté le 14 mars 2011).

Rudolph Giuliani avait fait de cette méthode l'un des piliers de son opération, les statistiques étant publiées chaque semaine, commissariat par commissariat. Conférences de presse, graphiques, flèches toujours dans le bon sens. C'est la même méthode qui est utilisée depuis 2002 en France, à l'échelle du pays, mais aussi à l'échelon local. Pas seulement dans la police. C'est toute une méthode de gestion de l'ensemble des services publics qui est en jeu, dans laquelle les juges se trouvent embarqués comme les autres. Il ne s'agit ni plus ni moins que de l'adaptation au service public d'une stratégie du privé, largement contestée aujourd'hui pour ses dangers, mais dont les risques sont encore plus importants dans le cadre de cette doctrine sécuritaire. Les juges se retrouvent sommés de faire partie d'une chaîne pénale dont les résultats sont connus d'avance !

Chacun a sa « feuille de route », ses objectifs chiffrés en début d'année et qu'il convient de respecter, voire de dépasser pour les plus « performants ».

Technique de management, affirme-t-on. Et de se référer au progrès considérable dans le monde économique et celui de l'entreprise que constitue le MBO ; sigle magique qui signifie *Management by objectif*. Une merveilleuse invention du « pape du management », Peter Drucker[5], fuyant l'Allemagne et le nazisme en 1933, s'était investi, très pragmatiquement, aux États-Unis, comme consultant des grandes entreprises et dans l'étude et la théorisation de leur gestion. Deux de ses dogmes : fixer des objectifs et mesurer la performance (contrôle de gestion), allaient devenir la base de la politique du chiffre, sans référence à l'évolution de la pensée du « maître », beaucoup moins catégorique dans ses derniers ouvrages. En effet, il en signala même les faiblesses et les dangers : manipulation des chiffres, vision à court terme, stress du personnel.

La conjugaison de la doctrine sécuritaire et de cette stratégie managériale aboutit à des catastrophes. Les mêmes qui ont été relevées au fil du temps dans le monde de l'entreprise privée, mais en pire, car les libertés sont en jeu. Ainsi, fixer des objectifs en matière d'arrestation ou de reconduite d'étrangers à la frontière, comme cela se pratique aujourd'hui en France, conduit à l'arbitraire et à l'inhumain. Les citoyens ne sont pas des clients. Les hommes ne sont pas des numéros. Les policiers et les magistrats ne sont pas des

5. Peter F. Drucker, *Management: Tasks, Responsibilities, Practices*, New York, Harper & Row, 1974.

managers. Ils n'ont pas à se montrer « performants », mais justes. Pourquoi tel étranger est-il subitement expulsé d'un pays où lui et sa famille vivaient tranquillement depuis des années ? Non pas parce qu'il est en situation irrégulière, mais parce qu'il manque quelques unités sur un tableau de bord statistique.

Tout est résumé, dans ce vocabulaire pathétique de la novlangue[6] sécuritaire, dans le simple énoncé de la loi que le Parlement vient de voter et que le Conseil constitutionnel a partiellement censurée : LOPPSI 2, soit « Loi d'orientation et de programmation pour la performance de la sécurité intérieure »...

Le rejet de la « culture de l'excuse » et l'inhumanité

Si le chiffre est si présent, la performance si envahissante, la rentabilité si impérative, c'est que l'homme a peu de place dans la doctrine sécuritaire. La rapidité et l'économie étant les règles d'or, il devient difficile de trop s'attarder sur la personnalité. Ce serait une perte de temps que de s'intéresser au passé d'un délinquant. Ce serait aussi une dépense inutile, car une expertise ou une enquête de personnalité coûtent cher à l'État. Il est donc préférable de s'en tenir à l'acte : l'infraction, toute l'infraction, rien que l'infraction. La personne ne peut avoir d'intérêt qu'à partir du moment où se révèle une dangerosité quelconque dont l'analyse se résume d'ailleurs le plus souvent à la répétition de l'acte. En dehors de cette recherche d'éventuels antécédents, le passé de l'individu et le contexte dans lequel il vit ou a vécu, ne comptent pas.

Même ses maladies sont écartées. Le grand regret de cette doctrine sécuritaire est de ne pas pouvoir, pour l'instant, punir les malades mentaux. Mais la bataille ne fait que commencer. De nombreuses lois ont été votées pour restreindre l'impact de ces maladies. En France, la loi de février 2008 est connue pour avoir instauré la rétention de sûreté, mais la moitié de cette loi est consacrée à « la déclaration d'irresponsabilité pénale pour cause de trouble mental[7] ». Elle participe du lent grignotage du principe antique de

6. La novlangue est inventée par George Orwell. Elle est utilisée pour éviter toute formulation de critique de l'État.

7. Loi n° 2008-174 du 25 février 2008, relative à la rétention de sûreté et à la déclaration d'irresponsabilité pénale pour cause de trouble mental, http://www.legifrance.gouv.fr/affichTexte.do?cidTexte=JORFTEXT000018162705 (consulté le 14 mars 2011).

l'irresponsabilité des fous. Il est ainsi, aujourd'hui, permis, après un simili-procès, même si la maladie mentale a été reconnue et l'irresponsabilité déclarée, de prononcer des sanctions pudiquement appelées « mesures de sûreté » : interdiction de rencontrer une personne, de se rendre dans des endroits déterminés, d'exercer une profession, de porter une arme...

Il n'y a donc aucune raison de s'attarder sur l'homme et de risquer d'attendrir la répression. Dénoncer la « culture de l'excuse » est un des slogans préférés de la doctrine sécuritaire. « À chercher trop longtemps à comprendre, on finit par tolérer l'intolérable et par excuser l'inexcusable, et si l'on excuse la violence, affirme le ministre de l'Intérieur lors du débat sur le projet de loi sur la prévention de la délinquance, le 13 février 2007, il faut s'attendre à la barbarie[8]. » L'équation est simple : comprendre = perte de temps = excuser = chaos.

La justice des mineurs est la première concernée par cette dénonciation. Née au début du siècle dernier, elle avait cette particularité de s'intéresser, plus que tout autre, à la personne de l'enfant et d'oser prendre un peu de temps pour savoir qui elle jugeait ou, pire ! qui elle aidait. L'objectif est donc clair : démanteler cette institution obsolète qui contrevient frontalement au dogme sécuritaire. C'est ce qui est tenté avec une belle constance depuis quelques années en France. Une réforme de la justice des mineurs est annoncée régulièrement. Elle tardait à entrer en vigueur. L'un des porte-parole ordinaires du président de la République en la matière, Christian Estrosi, député-maire de Nice, a trouvé la solution : si l'on ne peut supprimer les tribunaux pour mineurs, il suffit de supprimer les mineurs. En abaissant l'âge de la majorité pénale de 18 à 16 ans, on en finit avec cet insupportable laxisme, les mineurs de 16 à 18 étant dès lors jugés comme les majeurs par le tribunal correctionnel : « Je peux vous dire qu'un barbare de 16 ou 17 ans aujourd'hui n'a plus rien à voir, conformément à l'ordonnance de 1945 sur la délinquance des mineurs, avec le petit sauvageon de 1945. Il est temps de mettre un terme à la culture de l'excuse[9]. »

---

8. Voir le discours de Nicolas Sarkozy, lors de l'examen du projet de loi relatif à la prévention de la délinquance (en deuxième lecture), à l'Assemblée nationale, sur le site du ministère de l'Intérieur, http://www.interieur.gouv.fr/sections/le_ministre/interventions/archives-sarkozy-2005-2007/loi-prevention-delinquance/view (consulté le 14 mars 2011).

9. Christian Estrosi, *Le Journal du dimanche*, 14 février 2011. Voir la proposition de loi n° 3132, déposée le 1er février 2011 à l'Assemblée nationale, « visant à mieux responsabiliser les mineurs délinquants de plus de seize ans ».

Ainsi est consacrée l'ancienne revendication de Xavier Raufer, criminologue français, professeur associé à l'École supérieure de police criminelle de Chine, adepte non seulement des thèses de l'extrême droite, mais farouche pourfendeur de la « culture de l'excuse ». Chantre enflammé de la doctrine sécuritaire, cet enseignant parisien prédit dans les années à venir, entre autres catastrophes, le déferlement d'une « nouvelle vague de criminalité mondiale qui aggravera encore davantage la gangstérisation mondiale ». Et d'expliquer :

> « C'est bien cette culture de l'excuse qui explique, pour l'essentiel, l'inertie politique : parce qu'on excuse les criminels, considérés comme de "malheureuses victimes de l'exclusion et du racisme", on ignore ce qu'ils font. Pourtant, il est faux et scandaleux de dire qu'on est criminel du fait que l'on est pauvre et sans emploi. C'est voir un lien de cause à effet simpliste là où il n'y a que coïncidence[10]. »

Le choix de la diabolisation du délinquant : la mise hors norme de l'ennemi

Réduire le délinquant à son seul acte c'est déjà le déshumaniser. Mais le discours sécuritaire est, en définitive, bien plus radical. À eux seuls, les mots frappent plus fort que les idées. Plus vite en tout cas. Ils reconstruisent le monde ou le défigurent durablement. Le langage sécuritaire est un mélange de vulgarité et d'approximation. Il est populiste au sens le plus bas du terme. Lors d'un débat télévisé auquel je participais avec Pascal Clément, ancien ministre de la Justice, je lui demandais pourquoi, d'après lui, le président de la République parlait systématiquement de « présumé coupable[11] » au lieu de « présumé innocent » lorsqu'il évoquait le cas d'un criminel que l'on venait d'arrêter. En l'espèce, il s'agissait de Tony Meilhon qui venait d'être interpellé pour le meurtre de la jeune Laetitia (« Quand on laisse sortir de prison un individu comme le présumé coupable sans s'assurer qu'il sera suivi par un conseiller d'insertion, c'est une faute[12] »). J'eus la surprise d'entendre ce juriste[13] me répondre que le président parlait au

10. Interview donnée à l'Institut pour la justice en mai 2009, http://www.xavier-raufer.com/pdf/artact/EntretienXavierRaufer.pdf (consulté le 14 mars 2011).

11. Entre autres, lors de l'émission du 10 février 2011 sur TF1, *Paroles de Français.*

12. Intervention du président de la République, le 3 février 2011, à Orléans.

13. Licencié en droit, avocat, Garde des Sceaux de 2005 à 2007.

peuple et qu'il tenait alors un langage simple[14]. Nous étions effectivement au cœur du problème : la disparition de la présomption d'innocence, incompatible avec la doctrine sécuritaire. La présomption de culpabilité était inventée. Le droit était inversé, un des principes fondamentaux de la démocratie dénié, mais, peu importe, le peuple allait être satisfait. Tout est là, dans la perversion du langage qui s'installe progressivement et qu'il est de plus en plus difficile de rétablir dans son sens originel.

La diabolisation du délinquant est inscrite dans ce langage. Le mot « monstre » revient désormais systématiquement dans ce vocabulaire. Mais il n'est pas le seul. Pour les criminels il est souvent question de « prédateur ». Le sens premier de ce terme ne se rapporte qu'à des animaux carnassiers qui se nourrissent de proies après les avoir tuées, tels le lion, le caïman, le loup... (ou bien d'humains, à l'époque du paléolithique essentiellement, qui vivaient de la chasse et de la cueillette). Les usages de ces mots par les hommes politiques conservateurs sont si nombreux qu'il n'est plus question de les recenser. Ils font partie de leur langage courant. Entre autres, en 2005, le 23 juin, à la suite du meurtre de Nelly Crémel, Nicolas Sarkozy avait traité Patrick Gateau de « monstre » (en parlant du « magistrat qui avait osé remettre un monstre pareil en liberté conditionnelle[15] »). En février 2008, il disait : « Ce qui est important pour moi, c'est qu'on ne laisse pas des monstres en liberté après qu'ils ont effectué leur peine[16]. » En février 2011, il qualifie Tony Meilhon de monstre et insiste très lourdement sur le mot : « Je dis monstre parce que je crois qu'il y a un moment où il faut employer les mots qui correspondent aux situations et ne pas se voiler la réalité[17]. » De telles dérives sont courantes dans les médias à sensation, spécialisés dans le fait divers. L'appropriation de ce vocabulaire dans la bouche ou sous la plume du politique relève d'une autre logique. Nous n'avons pas affaire à un écart de langage ou à une injure, mais à un choix délibéré comme le soulignent sans ambiguïté les propos du président français.

Le choix du mot « monstre » traduit l'idée selon laquelle un certain nombre de criminels sont « hors norme ». Ils ne sont pas justiciables de la loi

---

14. Lors du journal de 19 heures sur LCP, le 7 février 2011.

15. Propos tenus lors du conseil des ministres et rapportés à la presse.

16. Déclaration du 23 février 2008, lors d'une visite du Salon international de l'agriculture.

17. Intervention du président de la République à Orléans, le 3 février 2011.

commune, mais relèvent d'une catégorie de « sous-hommes » exclus des droits et des lois ordinaires. Toute la doctrine sécuritaire est là. Le droit ordinaire est mal venu pour certaines catégories de personnes. Il n'y a pas d'unité de l'état de droit. Certains l'ont théorisé. D'autres se contentent de l'exprimer dans des mots. Mais le fond est le même. Il ne s'agit pas de créer un régime exceptionnel comme le droit en connaît tant, de rajouter un régime dérogatoire à tant d'autres régimes dérogatoires. La faille est bien plus profonde. Le droit devient un obstacle à contourner, une concession grimaçante à la démocratie.

L'intelligence est une capacité à établir des liens. Le droit, dans une démocratie, est l'instrument qui fait lien entre les citoyens et les maintient dans le système social. Le sécuritarisme abdique des deux côtés. Il refuse de comprendre ou d'essayer de comprendre pourquoi un homme bascule dans le crime, préférant exclure, éloigner, emprisonner faute de pouvoir éliminer. Il refuse d'appliquer le droit ordinaire, rejetant les « monstres » dans les culs-de-basse-fosse juridiques.

La dangerosité des charlatans

Si le discours politique peut, dans un premier temps, se contenter des mots d'exclusion, il faut dans une seconde phase trouver des alliés pour asseoir sa légitimité. Il va, selon les lois ordinaires de l'histoire de la science, se tourner vers des « experts ». Comment persuader un peuple du danger permanent qu'il encourt, si ce n'est en trouvant quelques êtres estampillés « dangereux » par quelques scientifiques en mal de reconnaissance ? Dans la désormais longue histoire de la dangerosité, la cohorte des charlatans grandit de jour en jour. Les erreurs appartiennent évidemment au passé. Comment ne pas sourire de Franz Joseph Gall, médecin allemand, inventeur, au tout début du XIXe siècle, de la phrénologie qui expliquait les « dispositions intellectuelles et morales » des hommes par la morphologie des crânes [18], trouvant dans telle ou telle bosse aussi bien « l'amour du lucre » que « le besoin inné d'être bon » ? Comment garder son sérieux, si l'on arrive encore à lire

18. Franz Joseph Gall (1758-1828), *Anatomie et physiologie du système nerveux en général et du cerveau en particulier avec des observations sur la possibilité de reconnaître plusieurs dispositions intellectuelles et morales de l'homme et des animaux par la configuration de leur tête*, Paris, Schoell, 1809-1819.

L'Homme criminel[19] où César Lombroso, en 1876, expose sa théorie du criminel-né ? Comment éviter la commisération pour les nombreux scientifiques qui crurent avoir découvert dans les années 1960-1970 le gène du crime ? Le chromosome surnuméraire Y n'était-il pas présent dans des populations de sujets présentant une déficience mentale : c'est ce qu'on pouvait lire dans la très sérieuse revue *Nature* sous la signature de la cytogénéticienne Patricia Jacobs en 1965[20]. Les innombrables études menées dans le monde entier depuis lors ont montré qu'il n'existait aucune relation de ce type, malgré l'acharnement d'innombrables centres de recherche à tenter de le prouver.

La fin du XXe siècle a mis à l'honneur d'autres disciplines telles que la psychiatrie qui cherchent, elles aussi, à évaluer la dangerosité. L'homme dangereux n'est plus repéré à ses bosses, à son physique ou à ses gènes. Il est dénoncé par son comportement. L'étude de sa vie, de sa personnalité analysée au travers des grilles recensant certains facteurs présumés refléter des risques, permettrait de prédire si l'intéressé risque de récidiver et donc d'être dangereux. Ces instruments, nous répète-t-on, ont été expérimentés puis validés en Amérique du Nord puis dans certains pays européens et ne demanderaient qu'à être appliqués. Il s'agit de grilles dites « actuarielles ». On se souviendra que le terme « actuariel » vient de la finance. Il se rapporte à des méthodes appliquées par des actuaires, à savoir des spécialistes des statistiques et des probabilités appliquées aux opérations d'assurance et de finance. Nous sommes donc toujours dans une logique de management où les rapports humains sont analysés par le biais du chiffre puisque l'évaluation du risque de violence est conçue de façon algorithmique. Pour fournir une approche concrète de ces méthodes, voici l'une de ces grilles dénommées *HCR-20* (*Assessing risk for violence*).

---

19. César Lombroso *L'Homme criminel. Criminel-né, fou moral, épileptique, étude anthropologique et médico-légale médico-légale* [1876], Paris, Félix Alcan Éditeur, 1887, http://cgtmurets.fr/Documents/La%20retention/homme_criminel.pdf (consulté le 14 mars 2011).

20. Patricia A. Jacobs, Muriel Brunton, Marie M. Melville, Robert P. Brittain, William F. McClemont, « Aggressive behavior, mental sub-normality and the XYY male », *Nature*, volume 208, n° 5017, 25 décembre 1965, 1351-13522, http://www.nature.com/nature/journal/v208/n5017/abs/2081351a0.html (consulté le 14 mars 2011).

– H1 Violence antérieure (nombre et gravité des crimes et délits antérieurement commis)

– H2 Premier acte de violence durant sa jeunesse (prise en charge par un juge d'enfant)

– H3 Instabilité des relations intimes (relations multiples, brèves, conflictuelles, violences conjugales, enfants de divers lits)

– H4 Problèmes d'emploi (brièveté des contrats, absence de formation professionnelle, chômage de longue durée)

– H5 Problèmes de toxicomanie (alcool, stupéfiants)

– H6 Maladies mentales graves

– H7 Psychopathie

– H8 Inadaptation durant la jeunesse (échec scolaire, suivi socio-éducatif)

– H9 Troubles de la personnalité

– H10 Échec antérieur de la surveillance (échec des mesures éducatives, non-observance de contrôle judiciaire antérieur ou d'obligation de soins)

– C1 Introspection difficile

– C2 Attitudes négatives

– C3 Symptômes actifs de maladie mentale grave

– C4 Impulsivité

– C5 Résistance au traitement

– R1 Plans personnels irréalisables (projets de soins ou d'insertion)

– R2 Exposition à des facteurs déstabilisants (par exemple accès à une arme ou à de la drogue), sans le soutien de professionnel ou d'association

– R3 Manque de soutien personnel (amical ou familial)

– R4 Inobservation des mesures curatives et d'aide

– R5 Stress

Chacune de ces rubriques doit être évaluée.

La simple lecture de ces critères (« items ») démontre à quel point nous sommes loin, très loin, d'une quelconque rigueur scientifique ou mathématique. Additionner une somme d'incertitudes ne donne jamais qu'une somme d'incertitudes et non une certitude. Recourir à une addition n'a jamais voulu dire que les mathématiques cautionnaient le résultat, mais simplement qu'on procédait à une addition. On peut se demander quel est le spécialiste des différentes questions traitées. L'évaluation a beau être (théoriquement) pluridisciplinaire, lees marges d'interprétation sont gigantesques. Qui est expert en « emploi » ? Qui l'est en « relations intimes » ? Qui est garant du caractère « irréalisable » d'un projet ?... Il y a dans ce catalogue de références, autant de morale que de médecine ou de psychologie.

Mais surtout, comment manipuler ces données ? Comment les interpréter ? Qui dira laquelle privilégier ? Comment la peser ? L'entretien et le jugement clinique, nous assure-t-on, sont guidés par l'utilisation d'outils tels que l'échelle d'information statistique sur la récidive générale (ISRG). Le serpent se mord la queue. Cet instrument statistique prend en compte essentiellement des indications pénales. En voici les références :

– Infraction à l'origine de la peine
– Âge à l'admission
– Incarcérations antérieures
– Révocations ou déchéances antérieures de la liberté sous condition
– Évasions antérieures
– Niveau de sécurité de l'établissement dans lequel se trouve le détenu
– Âge lors de la première condamnation comme adulte
– Condamnations antérieures pour voie de fait
– Situation matrimoniale lors de la dernière admission
– Intervalle d'exposition au risque
– Nombre de personnes à charge lors de la dernière admission
– Peine totale actuelle
– Condamnations antérieures pour infraction sexuelle
– Condamnations antérieures pour introduction par effraction
– Situation d'emploi lors de l'arrestation.

En définitive, rien ne permet de dire que tel individu, celui-là précisément, récidivera ou non. Tous ces « instruments » ne sont rien d'autres qu'une série de post-it, un aide-mémoire auquel on prétend donner une valeur scientifique alors qu'ils ne sont, au mieux, qu'une aide à la réflexion. En faire, comme on le prétend aujourd'hui, un instrument infaillible d'évaluation de la dangerosité relève d'une pure imposture. La récidive est toujours évidente *a posteriori*, jamais *a priori*. Quiconque se penche un peu sérieusement sur la personne qui a récidivé est persuadé que tous ces instruments sont inutiles : il n'y a d'autre approche qu'individuelle. Statistiques et mathématiques n'ont strictement rien à voir avec cette affaire. C'est ce que j'avais modestement tenté de montrer dans un précédent ouvrage sur les récidivistes[21].

Le risque de ces méthodes est qu'elles incitent non seulement les experts, mais la société tout entière, l'opinion publique, les hommes politiques à croire à leur infaillibilité. Chacun est sommé de les révérer et de s'y référer, les juges en premier. La parole des psychiatres et surtout de ceux qui se prétendent, en plus, criminologues, devient parole d'évangile. L'habitude se prend, insidieusement de penser que tout homme est prévisible, qu'il suffit d'une bonne grille actuarielle (certaines sont adaptées à plusieurs types de criminalité) pour lire l'avenir comme dans une boule de cristal.

La réalité, aujourd'hui difficile à faire entendre, est qu'il n'y a pas d'être dangereux en soi : nous sommes parfois face à des hommes que nous ne comprenons pas – encore –, dont les actes nous paraissent inconcevables, incompréhensibles. Qu'il faille les punir et s'en protéger ne nous oblige pas à nous réfugier derrière de fausses sciences.

Principe de précaution et risque zéro

Le sécuritarisme se donne d'autres atours scientifiques : par un violent détournement de sens, il annexe à son projet le principe de précaution. L'actuel président de la République est l'un des propagateurs zélés de cette entreprise, répétant inlassablement qu'il entend en faire bénéficier les victimes. « Je ne peux pas accepter, en tant que chef de l'État, que l'on ait fait inscrire dans la Constitution le principe de précaution et que ce principe de précaution que j'ai voté par ailleurs, ne s'applique pas aux victimes innocentes[22]. »

La Constitution prévoit effectivement depuis 2005 le principe suivant : « Lorsque la réalisation d'un dommage, bien qu'incertaine en l'état des

21. Serge Portelli, *Récidivistes, chronique de l'humanité ordinaire*, Paris, Grasset, 2008.

22. Nicolas Sarkozy, 20 août 2007, ou encore le 23 février 2008 : « Le devoir de précaution s'applique pour la nature, il doit s'appliquer pour les victimes. »

connaissances scientifiques, pourrait affecter de manière grave et irréversible l'environnement, les autorités publiques veilleront, par application du principe de précaution, et dans leurs domaines d'attribution, à la mise en œuvre de procédures d'évaluation des risques et à l'adoption de mesures provisoires et proportionnées afin de parer à la réalisation du dommage. » Le fondement du concept est que le savoir scientifique est, en l'état, aléatoire ; rien n'est encore sûr, mais le risque est trop important et si jamais les hypothèses scientifiques se vérifient, il sera trop tard. C'est pourquoi, dans le domaine de l'environnement ou de la médecine, par exemple, des mesures préventives peuvent être prises, restreignant des droits, imposant des obligations ou prévoyant des interdictions : ne plus employer tel produit, cesser tel type de production, arrêter une exploitation... Mais il sera toujours possible de revenir sur ces mesures qui ne sont que provisoires, si jamais la science progresse et fournit, non plus des hypothèses, mais des certitudes.

S'agissant des hommes, le principe de précaution conduit toujours à une surveillance accrue et, plus certainement, à l'enfermement. Comment s'assurer qu'un homme possiblement dangereux ne récidivera pas ? Les scientifiques étant bavards, mais la science muette, quel type de précaution utiliser ? Il faut « neutraliser », mettre « hors d'état de nuire ». Le provisoire et la proportionnalité exigés dans la Constitution ont difficilement leur place pour maîtriser l'homme dangereux. Le risque n'est pas une éventualité lointaine ; il peut se concrétiser à tout moment. Même si beaucoup font semblant de croire que l'homme est prédictible, chacun sait bien, au fond de lui, qu'il est imprévisible. Chaque professionnel comprend bien que sa décision sera demain, le cas échéant, examinée sous l'angle de l'évaluation du risque par une inspection, une commission ou un tribunal. Une conclusion d'expertise un peu trop optimiste, tel jugement pas assez sévère, telle remise en liberté, tel geste d'humanité seront peut-être, demain, considérés comme une faute, un dysfonctionnement ayant conduit au drame et dont il faudra s'expliquer en détail. Dans la réalité, dans le climat sécuritaire où nous vivons, le principe de précaution appliqué aux hommes ne peut pas conduire à « l'adoption de mesures provisoires et proportionnées afin de parer à la réalisation du dommage », mais à des mesures définitives.

Au lendemain du meurtre de la jeune Laetitia, à Pornic, au début de l'année 2011, les moindres actes de tous les acteurs judiciaires furent examinés à la loupe par une batterie d'inspections dépêchées en urgence sur place, à Nantes. On alla jusqu'à dénoncer dans la presse et les rapports d'inspection des erreurs de frappe pourtant rectifiées. Toutes les précautions possibles n'avaient pas été prises puisque le meurtre avait eu lieu. Dans les semaines qui suivirent, les prisons de Nantes se remplirent d'un coup. Effectivement, pour éviter le moindre reproche, dans le plus petit dossier, il fallait enfermer, enfermer encore plus, toujours plus. Le risque avait changé. Emprisonner un innocent, retenir trop longtemps, ces erreurs judiciaires-là, ne comptaient plus, infiniment moins en tout cas que le risque de laisser en liberté un homme susceptible de repasser à l'acte.

Au bout de cette doctrine sécuritaire, il n'est plus vraiment question de risque, de probabilité. Le résultat a été promis, il doit être au rendez-vous. Les juges ont une obligation de résultat. Tout crime d'un récidiviste ne peut être que la preuve d'une mauvaise appréciation : la dangerosité avait été mal appréciée, le jugement n'était pas assez sévère, la libération trop rapide, le suivi mal assuré... Le nouveau crime se suffit à lui-même. Le grand soir de la fin de la criminalité a été promis. Si le résultat n'a pas été atteint, ce ne peut être la faute du grand manager qui avait fixé les objectifs, mais des exécutants qui ont failli. « Il faut, et je le dis aux Français, si je suis élu président de la République, je résoudrai le problème des multirécidivistes dès l'été 2007[23]. » Malgré cette promesse-injonction la récidive a continué à frapper. Il n'y a d'autre moyen pour résoudre cette contradiction que de trouver un responsable. La faute consiste en fait à ne pas respecter la politique du chiffre.

23. Nicolas Sarkozy, le 18 avril 2007, France 2, *Question ouverte.*

Chapitre 3

LE SÉCURITARISME : UN DANGER POUR LA DÉMOCRATIE

À s'en tenir aux apparences, les dangers qui surgissent au début du XXIe siècle ressemblent fort à ceux qui apparurent dans les années 1930. La société sécuritaire serait-elle grosse de totalitarismes tels que l'Europe puis le monde les ont alors connus ? Le rapprochement est parfois troublant.

Les mêmes dangers ressurgissent-ils ?

Lors du débat sur la rétention de sûreté en France, en 2007 et 2008, certaines voix ont rappelé, à juste titre, que cette prétention à enfermer les hommes « dangereux » rappelait fâcheusement quelques mesures prises par le chancelier Hitler. Le nazisme avait en effet, dès 1933, mis en place une législation fondée sur le concept de dangerosité. Elle se traduisait par des institutions telles que la « détention de protection » (loi du 28 février 1933 s'appliquant à certains récidivistes) ou la « séquestation de précaution » ou « détention de sûreté » (loi du 24 novembre 1933 – rétroactive – sur les criminels dangereux et habituels). Les personnes visées pouvaient être internées dans des camps sans limitation de durée. Le concept d'asocial, encore plus vague, permettant d'englober tous les opposants, avait été utilisé ultérieurement. Certes les mots, les concepts se ressemblent et il n'est pas inutile de rappeler cette filiation inquiétante. La dangerosité est une notion floue que les scientifiques peuvent discuter à loisir, mais dont le politique doit se tenir à bonne distance. Personne n'aurait à l'idée d'aller au-delà de ce simple rappel. Les murs de camps de concentration ne sont pas en construction, la

Gestapo ne veille pas, le nazisme n'est pas mort, mais il n'est pas en gestation dans la rétention de sûreté. Le danger est très différent.

Lors de plusieurs débats parlementaires récents sur les peines plancher (en 2005) et la rétention de sûreté, on a vu de très hautes personnalités politiques militer fermement pour la rétroactivité des lois pénales et donc la violation d'un principe élémentaire de la démocratie. Elles le faisaient en toute connaissance de cause. Pour vivre dans un monde plus sûr, pour protéger les victimes, disaient-elles, il fallait violer cette règle fondamentale. La doctrine sécuritaire heurtait de plein fouet un impératif catégorique des droits de l'Homme. Un Garde des Sceaux, Pascal Clément, proposait aux parlementaires de contourner les juges pour mieux enfreindre la règle. « Il suffira pour eux de ne pas saisir le Conseil constitutionnel et ceux qui le saisiront prendront sans doute la responsabilité politique et humaine d'empêcher la nouvelle loi de s'appliquer au stock de détenus. » Le président du Conseil constitutionnel, Pierre Mazeaud, devait alors lui rappeler que « le respect de la Constitution est non un risque, mais un devoir ». En 2008, le président de la République bataillait ferme pour que la rétention de sûreté soit rétroactive, mais le Conseil constitutionnel résistait et maintenait – au prix de redoutables contorsions juridiques – ce principe fondamental de la non-rétroactivité[1]. Le rappel des lois rétroactives de Vichy et des sections spéciales était nécessaire dans ce débat. Le souvenir des abominations que peut entraîner la violation de ce dogme démocratique apparaissait indispensable. Pour autant, aucun homme ne risquait d'être fusillé dans les trois jours. Les bourreaux n'étaient pas à l'œuvre et les fameux centres socio-médico-judiciaires sont toujours vides, l'établissement de Fresnes, inauguré en grande pompe en novembre 2008 par le ministre de la Justice n'ayant toujours aucun pensionnaire début 2011.

La progression de la doctrine sécuritaire dans le monde est impressionnante. Mais cette progression est inégale selon les pays. L'enfermement, les dispositifs de surveillance et de contrôle s'étendent sans cesse, mais à des rythmes différents. En France, elle se fait à petites touches, discours après discours, rapport après rapport, loi après loi. Le glissement est lent. Au point que le dessein d'ensemble n'apparaît pas toujours. On s'attache à la logique

1. Conseil constitutionnel, 21 février 2008, n° 08-562, DC rec.89. Cf. Louis Favoreu, Loïc Philip, *Les grandes décisions du Conseil constitutionnel*, Paris, Dalloz, 2009, p. 816.

du moment en oubliant les liens, le contexte, l'ensemble. Les prises de conscience, les étonnements se produisant lorsqu'un tribunal réagit, qu'un mouvement citoyen pétitionne, qu'une manifestation dérange un peu ou que le regard de l'étranger nous interpelle. Ou lorsque nous observons, de l'autre côté de l'Atlantique, le prototype pour l'instant le plus achevé du modèle sécuritaire.

Le pire est à venir, le modèle américain

Les États-Unis sont devenus une société pénitentiaire. Ils restent encore en France un pôle d'attraction idéologique, mais ses excès y effraient même parmi les plus chauds partisans de la doctrine sécuritaire. Comment oublier le maintien de la peine de mort, seuls une quinzaine d'États ne la pratiquant plus ? Et l'inhumanité des couloirs de la mort (considérés comme un traitement cruel et inhumain assimilé à la torture par la Cour européenne des droits de l'Homme[2]) où survivent plus de 3 000 condamnés à mort qui peuvent attendre jusqu'à 33 ans[3] qu'on les tue ? Le rythme des exécutions faiblit à peine (66 en 2001, 46 en 2010). Mais la barbarie ne s'arrête pas là. Les États-Unis sont, de très loin, le pays qui incarcère le plus au monde. En 2010, le nombre de détenus était de 2,3 millions[4] (l'équivalent d'un pays comme l'Arménie ou la Jamaïque), un chiffre qui a presque doublé depuis 20 ans (1,3 million en 1992). Bien au-delà de la Chine (environ 1,5 million de détenus) ou la Russie (760 000). Le taux de détention pour 100 000 habitants est lui aussi le plus fort du monde (737, mais 1 000, soit 1 %, si l'on compte la population en âge d'être incarcérée). Parmi cette immense population, des situations sont encore plus tragiques que d'autres. On compte près de 127 000 condamnés à vie. Aux États-Unis, la perpétuité réelle existe. 30 000 détenus la subissent aujourd'hui. Une question comme la rétention de sûreté ne se pose même pas. Des milliers de personnes meurent en prison,

---

2. Arrêt Soering c. Royaume-Uni, 7 juillet 1989, Série A, n° 151, § 85.

3. Jack Alderman, condamné à mort en 1975 pour le meurtre de sa femme qu'il a toujours nié et exécuté en Géorgie en 2008. Thomas Whisenhant, exécuté en 2010 en Alabama 32 ans après le verdict. David Powell, exécuté au Texas en 2010, 32 ans après sa condamnation... Cf. « David Powell a été exécuté au Texas », *Le Monde,* 16 juin 2010.

4. Chiffres fournis régulièrement par l'International Centre for Prison Studies du King's College de Londres et par le Pew Center, http://www.kcl.ac.uk/schools/law/research/icps (consulté le 14 mars 2011).

de vieillesse. Parmi eux, des détenus condamnés quand ils étaient encore enfants. Plus de 2 000 personnes, condamnées alors qu'elles étaient mineures, purgent aujourd'hui des peines de réclusion criminelle à perpétuité sans aucune possibilité de libération conditionnelle[5]. Il existe ainsi dans ce pays une économie pénitentiaire qui fait vivre des millions de personnes et souffrir des millions d'autres, une industrie de la punition[6]. Une économie dont la « production » est difficilement mesurable et l'efficacité encore plus. Il apparaît en tout cas que cette explosion de la détention est essentiellement due aux lois drastiques sur la récidive qui entraînent des emprisonnements automatiques de très longue durée. Mais cette inflation n'a strictement aucun effet sur la récidive, comme l'indiquent de très sérieuses études indépendantes (Rapport du Pew Center, 2010) : aux États-Unis, le taux de récidive reste relativement stable, environ la moitié des détenus libérés retourne en prison dans les trois ans qui suivent leur libération[7].

Le modèle américain doit être examiné avec attention, car il est très souvent cité en modèle en France. On a vu la visite de Nicolas Sarkozy à Rudolph Giuliani en 2002. Elle n'est qu'une des nombreuses illustrations des références et des emprunts permanents au système nord-américain. De ce glissement constant et des dangers à venir, la question de la surveillance des délinquants sexuels offre un triste exemple.

Les *sex offenders* sont devenus l'objet de la pathologie la plus inquiétante, une épidémie qui risque de gagner la France et d'autres pays si le discours sécuritaire démagogique continue d'y fleurir. La politique actuellement menée aux États-Unis constitue une véritable ghettoïsation, voire une chasse à l'homme de ces délinquants. Les choses sont au moins claires : pour la justice, il n'est absolument plus question de réinsertion. Cette page-là est tournée pour de bon. La réponse première étant la prison, pour les autres il reste la surveillance, alliée à l'exclusion. Mais aux États-Unis, ces mots-là ont un sens particulièrement féroce. Dans un climat de panique morale aiguë[8], a

5. Rapport Human Rigths Watch et Amnesty International, *The Rest of Their Lives, Life without Parole (LWOP) for Child Offenders in the United States*, New York, 2005.

6. Nils Christie, *L'industrie de la punition, Prison et politique pénale en Occident*, Paris, Éditions Autrement, coll. « Frontières », 2003.

7. Pew Center, *Prison Count 2010*, mars 2010.

8. Voir l'article de Mélanie-Angéla Neuilly et Kristen Zgoba, « La panique pédophile aux États-Unis et en France », *Champ pénal, nouvelle revue internationale de criminologie*, 2005.

été voté en quelques années un certain nombre de lois quadrillant étroitement le champ de cette criminalité. À la suite du meurtre de la jeune Polly Klass, âgée de douze ans, en 1993, avait été votée la loi *Three Strikes and You're Out* prévoyant des peines maximales pour les récidivistes. Après le viol et le meurtre de la jeune Megan Kanka, âgée de sept ans, en 1994 par un récidiviste, dans le New Jersey, le Congrès avait adopté la *Megan's Law*[9] qui oblige le condamné à des soins, interdit certains emplois ou certains lieux d'habitation. Elle crée surtout une obligation d'enregistrement sur des fichiers spéciaux et de « notification publique » de leur présence. Des législations ont été adoptées sur ce modèle dans tous les États-Unis.

Dès lors, les *sex offenders* peuvent difficilement trouver un lieu où habiter. Il leur est interdit de demeurer à proximité de tout endroit où des enfants peuvent se trouver. L'interprétation très extensive de cette notion aboutit à reléguer ces hommes à la périphérie des villes ou dans des quartiers sordides. On les trouve ainsi parfois regroupés comme à Miami sous des ponts d'autoroute dans des cabanes de fortune ou sous des tentes, totalement clochardisés. Il est évident que ce traitement inhumain est la meilleure façon de les reconduire à la délinquance. Mais cette relégation ne suffit pas. Pour ceux qui arrivent encore à vivre dans des cités, s'est mis en place un système de surveillance digne de *Big Brother*. Pour repérer ces nouveaux pestiférés, il a été prévu de publier les coordonnées de tous les condamnés pour infraction sexuelle. Leur liste est parfois consultable sur le net. Chacun peut ainsi savoir si, dans son quartier, habitent des *sex offenders*. Toute une industrie est ainsi née. De nombreux sites permettent de les localiser près de chez soi. Une application *Iphone* a même été créée, pour faciliter ces vérifications et les mettre à la portée de tous. Il suffit de cliquer sur une icône et apparaît la fiche complète du voisin qui a eu affaire à la justice.

De tels dispositifs ont, en fait, pour but de rassurer l'opinion publique. D'un point de vue pratique, leur effet principal et presque unique est de faciliter l'enquête en localisant plus rapidement d'éventuels suspects. Mais leur impact sur la criminalité n'a pas été démontré. Quant aux effets pervers, ils sont innombrables. Ne serait-ce que de désigner en permanence à la vindicte publique des personnes condamnées, car l'inscription sur ces fichiers peut parfois être perpétuelle. Apparaissent ainsi les nouvelles

9. Loi Megan, signée le 17 mai 1996 par le président Clinton.

peines d'un système sécuritaire, au-delà de l'enfermement. Des peines qui rappellent celles de l'Ancien Régime. La dénonciation publique du délinquant est une sorte de pilori moderne. Le pilori consistait dans l'exposition publique du condamné sur une place de la cité pendant quelques heures ou quelques jours. Il y a aussi quelque chose de la marque au fer rouge : cette inscription sur la peau, la « flétrissure », qu'on infligeait sur la place publique et permettait ensuite d'identifier le condamné.

La peine infligée par des juges ne suffit plus. L'appareil judiciaire et pénitentiaire est dépassé. Sa fiabilité est incertaine. Il faut que la population participe à la punition mais aussi à la surveillance. Le peuple n'apparaît plus ainsi dans sa fonction démocratique ordinaire. Il devient un instrument : un instrument de surveillance tourné vers lui-même. Nous sommes au cœur de la démagogie : un discours qui s'adresse au peuple pour lui faire miroiter une sécurité absolue et également le plaisir de la peine infligée collectivement. C'est cette voie que nous proposent de suivre aujourd'hui en Europe les plus fervents partisans de la doctrine sécuritaire. Au Royaume-Uni, depuis 2008, les habitants de quatre comtés (Cambridgeshire, Hampshire, Cleveland, Warwickshire) peuvent s'adresser aux services de police pour vérifier si des personnes, ayant un contact régulier avec leurs enfants, y compris des voisins, des membres de la famille, ont été condamnées pour acte de pédophilie.

En France, un fichier FIJAIS (fichier judiciaire national automatisé des auteurs d'infractions sexuelles) a été créé en 2004[10]. Il prévoit un fichage pendant 20 ou 30 ans (à l'issue de leur peine) des délinquants sexuels, mais aussi des mesures de surveillance. Ce fichier peut être consulté par les magistrats, les enquêteurs ou le préfet. Mais des voix s'élèvent pour permettre aux maires d'y avoir accès[11] et même aux particuliers[12].

---

10. Loi nº 2004-204 du 9 mars 2004 portant adaptation de la justice aux évolutions de la criminalité, décret du 30 mai 2005 et circulaire d'application du 1er juillet 2005.

11. Par exemple celle de Jacques Pélissard, député-maire, président de l'Association des maires de France.

12. Georges Fenech, *Criminels récidivistes : Peut-on les laisser sortir ?*, L'Archipel, Paris, 2010, p. 99.

Le principe de précaution précoce

Tous ces systèmes archaïques dans leur mobile et modernes dans leur réalisation technologique sont à chaque fois justifiés, on l'a vu, par des affaires criminelles où ont été dénoncées des défaillances ou des dysfonctionnements : la législation n'était pas assez protectrice ou son application n'était pas assez efficace. La population, le maire, la police ne savaient pas, n'avaient pas été avertis... Il était possible de prendre davantage de précautions. Soit parce que le délinquant avait déjà commis une infraction, soit parce qu'il présentait des troubles qui auraient dû alerter. La logique de ce système conduit nécessairement à étendre le principe de précaution au maximum de ses possibilités. Or, si nous ne connaissons aucun outil permettant de prévenir le crime avec certitude, notre société possède aujourd'hui des instruments de surveillance très perfectionnés, à défaut d'être efficaces, et des réseaux d'observation très serrés. La logique sécuritaire conduit inévitablement à activer tous ces outils, à multiplier les lieux de contrôle et à les accroître sans fin, en faisant croire qu'un rouage de plus, une loi de plus, un fichier de plus éradiqueront enfin la criminalité.

Dans cette course folle, le fantasme de la détection précoce de la criminalité occupe une place majeure. Tous ces dispositifs ne peuvent être qu'absolus et globaux. Si précaution il y a, elle doit démarrer au plus tôt. Puisque tout être est potentiellement dangereux, que le risque est général, autant le savoir le plus tôt possible. La logique est irréfutable, mathématique. Il est possible de repérer des adolescents et des adultes par leurs passages à l'acte, leurs maladies, leurs « incivilités », leurs infractions, mais les fichiers, les surveillances, les enfermements semblent encore trop tardifs aux partisans du sécuritarisme. Il faut agir plus tôt et donc mettre en place des programmes de détection précoce des « troubles ». C'est ce que depuis plusieurs années le gouvernement français tente inlassablement de mettre en œuvre en se heurtant, pour l'instant, à une opposition déterminée.

L'initiative était d'abord politique. Il était question de « sécurité intérieure » et de « prévention de la délinquance ». Quel rapport avec les enfants de la crèche ? On le découvrait à la lecture d'un rapport sur la prévention de la délinquance, dit rapport Bénisti[13], déposé en 2004-2005 par une

13. Du nom du député UMP, Jacques-Alain Bénisti qui présidait cette commission.

commission prévention du groupe d'études parlementaires sur la « sécurité intérieure[14] ». Les députés décortiquaient le maillage, à leurs yeux nécessaire, d'une surveillance serrée : dans la « phase 1, comprise entre 1 et 3 ans », il était proposé de repenser la scolarisation précoce, de renforcer le rôle de surveillance de la PMI (protection maternelle et infantile) et de mettre en place un soutien linguistique pour les enfants étrangers... Un graphique consternant et a-scientifique illustrait les évolutions divergentes de l'enfant « normal » et du délinquant, illustré par la « Courbe évolutive d'un jeune qui, au fur et à mesure des années, s'écarte du droit chemin pour s'enfoncer dans la délinquance ». On voyait ainsi cette courbe partir des « difficultés de langue et du comportement indiscipliné », entre 4 et 6 ans, et s'élever inexorablement pour aboutir à 22 et 23 ans à « l'entrée dans la grande délinquance, les trafics de drogue et les vols à main armée », en passant par les redoublements de classe, la consommation de drogue douce, la vie nocturne... Devant un tel tableau fabriqué pour les besoins de la cause, comment effectivement ne pas penser qu'il suffisait de traiter le tout petit enfant pour éviter le grand délinquant ?

Le ministre de l'Intérieur rédigeait alors, dans le cadre d'un avant-projet de loi sur la prévention de la délinquance, un chapitre intitulé : « Dépistage précoce des enfants présentant des troubles du comportement et des signes de souffrance psychique. »

Les scientifiques n'étaient pas en reste car la doctrine sécuritaire n'est évidemment pas l'apanage du politique. Les « experts » de l'Inserm déposaient en septembre 2005 un rapport de la même eau sur les « Troubles des conduites chez l'enfant et l'adolescent ». Il s'agissait, là encore, d'éviter l'apparition de comportements délinquants à l'adolescence. Avec d'autres termes et d'autres références, les préconisations étaient les mêmes. Il était proposé, dès l'âge de 36 mois, le dépistage de troubles censés annoncer un avenir délinquant. Ces bons experts partaient donc à la recherche de signes prédictifs qu'ils découvraient même dans des traits de caractère : la froideur

14. Rapport préliminaire de la commission Prévention du groupe d'études parlementaires sur la sécurité intérieure d'octobre 2004, http://cirdel.lyon.free.fr/IMG/pdf/rapport_BENISTI_prevention.pdf (consulté le 14 mars 2011) ; rapport définitif d'octobre 2005, http://wikiwix.com/cache/ ?url=http://www.pasde0deconduite.ras.eu.org/IMG/pdf/BENISTI_rapport_definitif.pdf&title=Rapport %20B %C3 %A9nisti %20d %C3 %A9finitif %20(oct %202005) (consulté le 14 mars 2011).

affective, la tendance à la manipulation, le cynisme, l'agressivité, l'indocilité, l'impulsivité, l'indice de moral bas...

Ces approches déterministes, sur lesquelles l'Inserm eut le courage et la lucidité de revenir, soulevèrent alors un tel tollé que le projet de loi sur la prévention de la délinquance fut remanié et expurgé. Le secteur de l'enfance se mobilisa alors. Le collectif « Pas de zéro de conduite pour les enfants de trois ans » fut lancé en 2006 et maintient toujours sa vigilance.

Mais le mouvement sécuritaire a poursuivi sa logique et n'a jamais renoncé à ce projet. On a vu ainsi en novembre 2010, l'éphémère secrétaire d'État à la Justice, Jean-Marie Bockel, déposer un « rapport sur la prévention de la délinquance des jeunes[15] » à la demande du président de la République. Il y reprenait exactement les mêmes idées de fond et aggravait même les préconisations, puisque la surveillance passait de 3 à 2 ans ! « Cette vulnérabilité pourrait être repérée chez les petits entre 2 et 3 ans », écrivait-il. Le vocabulaire se voulait rassurant : il était question de détecter et d'alléger la « souffrance » des enfants. Mais comment cacher que ces propositions apparemment généreuses s'inséraient dans un arsenal de mesures concernant la délinquance, les bandes, les trafics d'armes et de drogue ?

L'oubli des valeurs démocratiques, les germes malsains

Les règles de la démocratie ont un sens. Contrairement à ce qu'on pourrait penser, ni ce sens, ni ces règles ne sont évidents. La liberté, elle, est évidente. Il suffit de marcher dans la rue pour en comprendre l'essentiel. Respirer normalement, marcher sans se presser, croiser un policier sans trembler, voilà comment se vit la liberté. La démocratie, elle, suppose une longue construction, tout un équilibre de pouvoirs, minutieusement étudié, fruit de siècles d'obscurité, de tâtonnements, d'erreurs et de victoires incertaines. Pour expliquer les règles qui, aujourd'hui, sont celles de la démocratie, et que le juge a donc pour mission de sauvegarder, il faut du temps, alors que la moindre idée sécuritaire s'énonce en un trait d'émotion.

15. Rapport sur la prévention de la délinquance des jeunes, novembre 2010, http://www.elysee.fr/president/root/bank_objects/Rapport-Bockel-_La_prevention_de_la_delinquance-des-jeunes.pdf (consulté le 14 mars 2011).

La présomption d'innocence, par exemple, est tout sauf évidente. Elle est même à l'opposé du bon sens, ou du sens populaire. Une personne est arrêtée, la police a réuni des indices ou des preuves contre elle, elle passe en jugement. Le premier réflexe, le premier sentiment est de dire : elle est coupable. Le progrès de l'humanité a été de dire, au rebours de siècles inquisiteurs : méfiez-vous de ce réflexe, oubliez votre sentiment ou votre ressentiment. Considérez, au contraire, que cet homme est innocent. Que cette idée est violente ! Qu'elle est difficile à appliquer ! Comme il est dur ce combat contre moi-même, que je dois, chaque jour, à chaque affaire, mener comme juge ! Que de préjugés ne faut-il pas laisser de côté ! Que d'émotions ne faut-il pas faire taire ! Et pourtant cette règle a un sens. Si fort qu'elle a fait le tour du monde et que tous les pays, toute la communauté internationale, tous les hommes l'ont adoptée. Ce sens résultait de la longue expérience de la justice humaine et des innombrables erreurs qu'elle avait commises : ces hommes et ces femmes qu'on avait torturés, emprisonnés, exécutés parce que personne ne les avait crus, ne les avait écoutés et qu'ils avaient été jugés coupables avant même que les portes du palais ne s'ouvrent, avant même que leur procès ne débute. Alors, la règle a été posée, en 1789, par ces hommes qui ont écrit l'article 9 de la Déclaration des droits de l'Homme et du citoyen : « Tout homme étant présumé innocent jusqu'à ce qu'il ait été déclaré coupable [...]. »

C'est le sens de cette règle, et de bien d'autres, qui se perd aujourd'hui. Inverser constamment les termes en parlant de présomption de culpabilité au lieu de présomption d'innocence, c'est nier non seulement la règle, mais abolir sa valeur et la remplacer par une autre : la dangerosité d'un homme importe plus que sa culpabilité.

En septembre 2010, un juge des libertés du tribunal de Grenoble remettait en liberté sous contrôle judiciaire un suspect, présenté par les enquêteurs, comme l'auteur possible d'un vol à armée (un vol au casino d'Uriage deux mois plus tôt) dont les médias et le président de la République avaient beaucoup parlé. En effet, lors du vol, les deux auteurs avaient pris la fuite. Une course-poursuite s'était engagée, les policiers avaient tiré et l'un des deux hommes était mort. S'en étaient suivies trois nuits de violences dans Grenoble, à l'issue desquelles le président de la République était venu sur place, tenant un discours guerrier contre la délinquance et annonçant de nouvelles réformes encore plus répressives. Le juge des libertés avait estimé, malgré l'intense pression qui pesait sur lui, que les indices réunis par la police ne suffisaient pas. Cette décision, rendue en toute indépendance, et dans le respect réel de la présomption d'innocence, avait déclenché la colère du gouvernement et des policiers. Le suspect avait déjà été condamné, à sept reprises ! C'était un homme dangereux ! Il risquait de récidiver. Le ministre de l'Intérieur exprimait « sa très vive indignation [16] », le ministre de la Justice ordonnait au procureur de la République de faire appel. Les syndicats de policiers affirmaient leur « ras-le-bol », demandant s'ils « devaient encore prendre des risques pour interpeller les truands », accusant « certains magistrats » de « mener une croisade anti-policière, de trahir la mission dont ils sont investis et de saboter systématiquement le travail des policiers », jugeant la décision « inadmissible, intolérable et scandaleuse [17] ». Quant au président de la République, fidèle à sa doctrine, il traitait le suspect de « délinquant », affirmant : « Je pense aux policiers qui se sont donné tant de mal pour retrouver ce délinquant. C'est bien difficilement compréhensible qu'on le remette en liberté dans ces conditions. » Il ne restait plus grand-chose de toutes ces indignations quand, quelques jours plus tard, la cour d'appel, dans un arrêt très longuement motivé, confirmait la décision du juge : effectivement les indices étaient très insuffisants. Il ne suffisait pas d'être un « dangereux récidiviste » pour être coupable. La présomption d'innocence existait encore malgré des avis très autorisés.

Bien d'autres exemples pourraient être cités. Affirmer que le sens des règles démocratiques se perd n'est pas une pétition de principe, un présupposé politique, mais un constat quotidien et tragique d'une doctrine sécuritaire qui tente de faire voler en éclat les principes fondamentaux de la démocratie. Qui expose dans ce cas le travail du juge ? Qui tente d'expliquer ce qu'est la présomption d'innocence ? Surtout pas les dirigeants qui ont pourtant cette responsabilité.

Le basculement est évident vers un autre système de justice et un autre type de société, les phénomènes judiciaires n'étant que les symptômes les

---

16. Communiqué de Brice Hortefeux, ministre de l'Intérieur : « Cette affaire démontre une nouvelle fois que, certes, la protection de nos concitoyens doit passer par l'action déterminée et très professionnelle de la police et de la gendarmerie, mais impose aussi des décisions de justice mettant effectivement les délinquants hors d'état de nuire. »

17. *Le Point*, 3 septembre 2010.

plus visibles de cette évolution. C'est tout un équilibre laborieusement mis en place depuis quelques siècles qui est mis à bas. Faire miroiter une sécurité absolue, laisser espérer l'éradication de la criminalité ou de la récidive, alors que c'est évidemment impossible, c'est mettre en place des lois et des institutions qui vont peu à peu cadenasser les libertés de tous et nous faire vivre dans une société de surveillance et d'enfermement.

Nous assistons à un retournement du ressort de la démocratie. Celle-ci repose sur une méfiance du pouvoir. Il en résulte un équilibre des institutions qui canalise et contient les excès des dirigeants et empêche leurs abus. Le sécuritarisme inverse la proposition. L'État devient un allié, l'homme un ennemi. L'adversaire a changé de camp. La peur s'est déplacée. Le danger ne vient plus des excès du pouvoir, mais de la nature humaine. La société doit se battre contre l'ennemi intérieur. Du fait de ce changement de perspective, le regard se fait introspectif. Cette méfiance généralisée se concrétise par de multiples outils dont l'État se dote pour surveiller, ficher, contrôler, observer, filmer...

La doctrine sécuritaire est encore très loin de son plein épanouissement. Elle dépose pour l'instant dans nos sociétés d'innombrables germes malsains. Ils peuvent se développer à tout instant au décours d'une histoire imprévisible.

Chapitre 4

LA TENTATION DU JUGE MINIMUM

À quoi peut bien servir un juge dans cette société sécuritaire néo-libérale ? Il est *a priori* sous le feu croisé de tous. S'il sacrifie un peu trop à la compassion des victimes, il sort dangereusement de son rôle. S'il s'intéresse trop aux délinquants, on le dit laxiste et traître aux victimes. S'il suit la cadence infernale qu'on lui impose, il devient inhumain ; s'il prend le temps de juger, il ne respecte plus les critères de performance et de rentabilité sur lesquels il est lui-même jugé. S'il veut suivre les incitations permanentes à la sécurité qu'on lui adresse de toutes parts, les prisons explosent ; s'il essaie de ne pas sacrifier systématiquement au principe de précaution, sa responsabilité risque d'être engagée à tout instant. Être juge est un des métiers les plus inconfortables qui soit.

Mais son défaut principal dans une société sécuritaire est son indépendance. Le pouvoir ne peut rien attendre de sûr de sa part. Il peut à tout moment être perturbé par le côté humain de l'affaire et mollir dans sa détermination. Il peut, au nom des libertés, contrarier une politique répressive. Il risque, pour des raisons d'humanité, de ralentir les flux judiciaires. Bref, le juge ne peut être un allié fiable des politiques sécuritaires. Encore moins depuis qu'il prend au sérieux son rôle de gardien des libertés.

Il était donc inévitable qu'une lourde méfiance s'installe. La stratégie jivaro est la plus simple : réduire le rôle du juge à sa plus simple expression.

L'idée d'un juge minimum ne date pas de la doctrine sécuritaire. Rebuffades, humiliations, exclusions... les gouvernements ont toujours su comment s'y prendre avec les juges. Ils ont d'ailleurs trouvé de puissants alliés idéologiques chez nombre de philosophes et dans de nombreux systèmes politiques qui ne pouvaient concevoir qu'un pouvoir judiciaire existât.

L'immense paradoxe apparent est que les plus fervents partisans d'un pouvoir judiciaire minimaliste sont les philosophes des Lumières et les Révolutionnaires, mais ils ne sont pas les seuls. Les raisons de cette position sont multiples et ne sont pas propres à cette période de l'histoire ni même à la France. La première d'entre elles est de l'ordre de la philosophie politique : elle tient à la primauté donnée à la loi sur le juge. Dans cette thèse, la volonté d'une nation s'exprime par son souverain ou ses représentants élus et, en conséquence, par les lois qu'ils adoptent. Le juge, d'une légitimité inférieure, ne pourrait intervenir dans ce processus démocratique et contrarier l'expression de la volonté souveraine. L'autre raison est plus d'ordre historique : la pratique de ce qu'on a appelé « l'arbitraire des juges », en vigueur notamment sous l'Ancien Régime, a suscité une lourde et persistante méfiance. Mais c'est aussi une vision théorique du jugement qui est à la base de cette conception : le juge n'aurait qu'à appliquer la loi, rien de plus ; il ne serait qu'un diseur de droit.

Le principe de légalité, mythe et réalité

Montesquieu a parfaitement théorisé cette conception minimaliste du juge. « Les juges de la nation, affirmait-il, ne sont que la bouche qui prononce les paroles de la loi, des êtres inanimés qui n'en peuvent modérer ni la force ni la rigueur[1] ». Son idéal était celui d'une magistrature « invisible et nulle[2] », prononçant des décisions qui « ne soient jamais qu'un texte précis de la loi[3] ». Entre le juge fantomatique de Montesquieu (1748) et le « corps imaginaire » de Louis XV (1755) la différence est faible.

On trouve cette argumentation dans le célèbre *Traité des Délits et des Peines* de Cesare Beccaria. Il déniait aux juges le pouvoir d'interpréter les lois pénales au simple motif qu'ils n'étaient pas législateurs. On sent chez le jeune marquis milanais de vingt-sept ans, tout pétri de ses études à la faculté de Pavie et tout ému de ses lectures des philosophes français, la froideur de la

1. Montesquieu, *De l'esprit des lois*, *op. cit.*, p. 301.
2. *Ibid.*, p. 296.
3. *Ibid.*, p. 296.

leçon apprise : il y a la loi, l'acte commis et le jugement en conséquence. L'homme, là-dedans, est absent : « En présence de tout délit, le juge doit former un syllogisme parfait : la majeure doit être la loi générale, la mineure l'acte conforme ou non à la loi, la conclusion étant l'acquittement ou la condamnation. » Pour expliquer sa position, Beccaria parlait de « la voix constante et précise de la loi » pour l'opposer aux « mouvements d'humeur passagers » du juge[4].

Cette conception minimaliste du juge n'a jamais vraiment eu de réalité. Elle est plutôt restée un modèle-type, un idéal inaccessible, très vite contredit par les nécessités pratiques. Aucune décision de justice ne peut être la simple copie d'un texte de loi, si précis soit-il. Cette vision abstraite de la justice est datée. Et même dans une conception classique, cette vision très théorique du juge était contestée. Portalis, l'un des rédacteurs du code civil, conservateur s'il en fut, était bien obligé d'admettre le rôle du juge. Dans son superbe « discours préliminaire du code civil », il le célébrait à sa façon :

> « Un code, quelque complet qu'il puisse paraître, n'est pas plutôt achevé, que mille questions inattendues viennent s'offrir aux magistrats. Car les lois une fois rédigées demeurent telles qu'elles ont été écrites. Les hommes, au contraire, ne se reposent jamais ; ils agissent toujours : et ce mouvement, qui ne s'arrête pas, et dont les effets sont diversement modifiés par les circonstances, produit, à chaque instant, quelque combinaison nouvelle, quelque nouveau fait, quelque résultat nouveau. Une foule de choses sont donc nécessairement abandonnées à l'empire de l'usage, à la discussion des hommes instruits, à l'arbitrage des juges. L'office de la loi est de fixer, par de grandes vues, les maximes générales du droit : d'établir des principes féconds en conséquence, et non de descendre dans le détail des questions qui peuvent naître sur chaque matière. C'est au magistrat et au jurisconsulte, pénétrés de l'esprit général des lois, à en diriger l'application[5]. »

Juge automate et droit flexible

Les philosophes n'ont pas été les seuls à vouloir réduire l'autonomie du juge. On retrouve la même conception, près d'un siècle plus tard, chez Max Weber pour qui le juge n'est qu'un « Paragraphenautomat » : « un automate, écrit-il, dans lequel on jetterait les faits et frais de justice et qui cracherait le

4. Cesare Beccaria, *Traité des délits et des peines* [1765], Paris, Flammarion, 1991, p. 68.

5. Jean-Étienne-Marie Portalis, *Discours préliminaire du premier projet de code civil*, 1801.

jugement et les motifs[6] ». Le juge automate doit être compris chez Weber comme la fin d'un processus historique. Dans cette évolution, le droit est conçu comme un mécanisme extrêmement précis, allant vers une rationalisation de plus en plus poussée, l'éloignant de toute « fantaisie » et où la liberté se réduit progressivement. Au point de faire du juge une sorte de machine à raisonner, appelée à ranger les faits dans la bonne catégorie, dans la bonne case. Vision très universitaire, très théorique et très éloignée de ce qu'appréhende la sociologie contemporaine dans son observation minutieuse du terrain. Max Weber se montrait déçu par cette évolution, comme par tant d'autres, mais il la jugeait inéluctable. « Est inévitable la conception selon laquelle le droit est un appareil technique rationnel qui se transforme sous l'influence de considérations rationnelles en finalité et qui est dépourvu de tout contenu sacré[7] ». Il parlait, dans cette matière comme dans d'autres, de « désenchantement ». Désenchantement par rapport au vieux juge archaïque. D'autres penseurs avaient une vue moins étroite, moins livresque et moins pessimiste du droit. En Allemagne même, au début du XXe siècle, tout un courant, aux confins du droit et de la sociologie – l'École du droit libre (*Freirechtslehre*) – s'intéressait à la réalité du droit. Elle envisageait un juge qui cherche l'inspiration, non dans une loi muette, mais dans les valeurs dominantes perçues chez ses contemporains.

Contrairement à ce que pensait Max Weber, le droit n'a pas suivi la voie de la rationalité. L'ordre superbe qu'il pressentait n'a pas été au rendez-vous. Le juge automate ou mathématicien n'a pas triomphé. Dans un premier temps du moins. La pensée de Max Weber correspond à un temps où la loi était rare. En tout cas, elle n'était pas cette production pléthorique et bavarde que nous connaissons aujourd'hui. Cette évolution avait été parfaitement décrite par des juristes tels que Jean Carbonnier[8], en 1969, ou Mireille Delmas-Marty[9], en 1986. Il y avait « trop de droit ». Tant de droit, que le juge était nécessaire pour le trier, l'interpréter et en chercher

6. Max Weber, *Sociologie du droit*, PUF, coll. « Quadrige », 2007, p. 226.
Wirtschaft und Gesellschaft. Grundriss der verstehenden Soziologie, Tübingen, Mohr, 1922.

7. *Ibid.*, p. 234-235.

8. Jean Carbonnier, *Flexible droit. Pour une sociologie du droit sans rigueur*, Paris, LGDJ, 1969 ; 2001 (10e édition).

9. Mireille Delmas-Marty, *Le flou du droit*, Paris, PUF, coll. « Les voies du droit », 1986.

l'application. L'excès de normes ne pouvait, de toute façon, masquer des zones de non-droit où renaissait cette indispensable marge de manœuvre. Le droit en devenait « flexible », « mou », « flou »...

Cette analyse n'en qu'en partie valable aujourd'hui. L'inflation des lois n'a pas cessé. Elle s'est même aggravée. Comble de ridicule, à mesure que le rythme des lois s'accélère, le Parlement français vote des lois de simplification : loi n° 2003-591 du 2 juillet 2003 habilitant le gouvernement à simplifier le droit, loi n° 2004-1343 du 9 décembre 2004 de simplification du droit, loi n° 2007-1787 du 20 décembre 2007 relative à la simplification du droit, loi n° 2009-526 de simplification et de clarification du droit et d'allégement des procédures du 12 mai 2009. Mais la complexité est telle que le parlement ne sait plus ni ce qu'il vote, ni ce qu'il simplifie. C'est ainsi qu'en application de la dernière loi de 2009 avait été supprimée, par mégarde, une disposition de droit pénal, supprimant une peine applicable en cas d'escroquerie : la dissolution de la personne morale auteur d'une escroquerie. Dans le maquis des textes, personne n'y avait fait attention. Lors d'un procès retentissant, en 2009, où était poursuivie pour escroquerie l'Église de scientologie, le procureur de la République s'apprêtait à requérir sa dissolution quand le tribunal s'aperçut que cette disposition avait été abrogée par la loi de 2009. Il fallut modifier la loi de simplification...

Il faut donc encore un peu de justice, ne serait-ce que pour s'apercevoir des erreurs du législateur. Mais les temps ont changé. Si le flou et l'incohérence sont toujours de mise, l'ordre sécuritaire est arrivé et, avec lui, une nouvelle conception du juge : un juge dont on n'attend surtout pas qu'il gère le flou, mais qu'il applique strictement l'injonction de la loi.

Le juge, maillon de la chaîne pénale

Il est une expression qui fait florès pour définir aujourd'hui la justice pénale en France, « la chaîne pénale ». On ne trouvera aucun texte de loi consacrant cette formule, mais elle est dans la bouche de tous les gouvernants français depuis quelques années. Le juge ne serait qu'un maillon de cette « chaîne pénale ».

En décembre 2010, des magistrats du tribunal de Bobigny avaient condamné à des peines de prison ferme des policiers : leur procédure avait été montée de toutes pièces pour accuser un innocent (mais par ailleurs déjà condamné) de violences sur un policier qu'ils avaient eux-mêmes blessé par mégarde. Tout le gouvernement avait repris en chœur cette expression : chacun rappelait à sa façon que le juge n'était pas plus qu'un petit maillon.

Le Garde des Sceaux : « Il existe dans ce pays une *chaîne pénale*, cette chaîne pénale, c'est la justice et la police. On a besoin de ces deux forces [...] et si on tape sur un maillon de la chaîne pénale, c'est toute la chaîne qu'on affaiblit[10]. »

Le Premier ministre : « La justice a elle-même le devoir d'assurer la cohérence de la *chaîne pénale* tout entière[11]. »

La philosophie est celle du président de la République, inlassablement répétée depuis des années : « Police, gendarmerie, Justice : nous sommes la même *chaîne pénale*[12]. »

Le ministre de l'Intérieur était le plus loquace. La citation est un peu longue, mais elle renferme toutes les données du problème, innovant même dans l'appellation de « chaîne de sécurité » :

> « En quelques semaines, plusieurs faits, qui ne sont « divers » que pour ceux qui ne se sentent pas concernés, mais qui sont en réalité extrêmement choquants, montrent le décalage entre la souffrance des victimes et la réponse pénale apportée par une minorité de magistrats. Il ne s'agit aucunement pour moi de critiquer une profession dans son ensemble. Mais il faut le dire et le répéter : la justice est rendue au nom du peuple français. Les magistrats ne disent pas uniquement le droit. Ils remplissent aussi une fonction sociale indispensable à l'équilibre de notre société. Seul un *traitement global* de la délinquance, qui va de l'interpellation jusqu'à l'incarcération, nous permettra de mettre hors d'état de nuire les criminels. Police, justice, dans la *chaîne pénale*, chacun doit tenir son rôle [...] J'aurai toujours plus de respect pour le droit des victimes que pour celui des délinquants. Les policiers et les gendarmes effectuent un travail formidable, courageux, multipliant sans cesse les

10. Michel Mercier, RTL, 11 décembre 2010, http://www.rtl.fr/actualites/article/le-garde-des-sceaux-defend-les-magistrats-de-bobigny-7642655260 (consulté le 14 mars 2011).

11. François Fillon, intervention devant les préfets, le 13 décembre 2010, http://www.lemonde.fr/politique/article/2010/12/13/policiers-condamnes-fillon-tente-de-calmer-le-jeu_1452917_823448.html (consulté le 14 mars 2011).

12. Nicolas Sarkozy à Nice, le 22 avril 2009, http://www.nicematin.com/article/cote-dazur/nice-les-petites-phrases-de-nicolas-sarkozy (consulté le 14 mars 2011).

interpellations de délinquants et de criminels. Mais tout ne s'arrête pas avec l'interpellation. Encore faut-il que les délinquants et les criminels arrêtés et punis purgent leur peine jusqu'au bout. Or trop souvent la *chaîne de sécurité* s'interrompt brusquement après l'interpellation [13]. »

Le juge supplétif

Quelle est donc cette nouvelle fonction de juge-maillon ? Au-delà de la médiocrité de l'instant, on voit bien quelle est l'idée qui sous-tend ce discours : la sécurité est l'alpha et l'oméga de l'action politique. Tout est subordonné, conditionné par elle. Toutes les missions traditionnelles de l'État se fondent en elle, la justice comme les autres. Plus question pour les procureurs de la République de contrôler, voire de diriger l'action de la police, car cette chaîne est évidemment tenue par les policiers. Il s'agit de faire tenir leurs actions, de valider leurs procédures, de poursuivre les suspects arrêtés et de les condamner avec la sévérité qu'ils méritent. Le « travail formidable et courageux », la sécurité sont incarnés par la police. Il n'est pas question de défaire leur action exemplaire ou de décourager leurs initiatives et encore moins de sanctionner leurs fautes. Des procureurs, que leur hiérarchie soumet au pouvoir politique, on peut attendre une solidarité sans faille, loué d'ailleurs par le pouvoir [14]. Restent les juges, passage obligé, trait d'union pour l'instant inévitable entre la police et le parquet, en amont, et la prison ou d'autres types de répression, en aval.

Force est de constater que, dans cette conception sécuritaire de la société, le juge se voit ramené à une fonction supplétive de la police et donc du pouvoir politique. Il est englobé dans une institution nouvelle et globale dédiée à la lutte contre la délinquance. Son travail devient une tâche technique. L'expression « chaîne pénale » a d'ailleurs d'abord été utilisée en informatique. Elle se rapporte à la transmission électronique des informations tout au long du parcours habituel d'une procédure : de l'enquête jusqu'au

13. Brice Hortefeux, interview au *Figaro Magazine* du 17 septembre 2010, http://www.lefigaro.fr/politique/2010/09/16/01002-20100916ARTFIG00640-les-propositions-chocs-de-brice-hortefeux.php (consulté le 14 mars 2011).

14. « Jamais, je n'ai mis en cause les magistrats dans leur ensemble. La meilleure preuve, c'est que je suis prêt à le dire, les magistrats du parquet font un travail remarquable, seulement ils ne sont pas suivis », Nicolas Sarkozy, RTL, 22 septembre 2006.

jugement et à l'exécution de la décision[15]. Elle a pour mission de gérer au mieux les flux, de rendre compatibles les différents outils informatiques, d'accélérer les transmissions, d'améliorer les statistiques... Aucune loi, aucune circulaire, aucune directive n'a jamais osé transposer dans le langage officiel ce qui n'est aujourd'hui que le slogan d'une idéologie rampante.

La chaîne pénale n'a jamais existé et n'existera jamais en dehors du domaine informatique. L'expression fait partie du vocabulaire de la novlangue sécuritaire qui s'installe progressivement sans que personne n'y prenne garde. La justice ne peut être un outil indifférencié dans une institution formatée pour la répression et l'enfermement. L'essence même de la justice est sa liberté d'appréciation. Elle réside tout entière dans sa capacité à dire non et précisément à se désolidariser des enquêtes, des dossiers, des pistes qu'on lui propose. Être juge, rappelle, inlassablement, la Cour européenne des droits de l'Homme, c'est exercer une autorité judiciaire indépendante. Plutôt que de déplorer ces divergences police-justice, il faut au contraire s'en réjouir car il s'agit d'un des signes de l'existence d'une démocratie. La doctrine sécuritaire propose un modèle de juge qui est très exactement à l'opposé. Il n'est donc pas étonnant que la stratégie du pouvoir aujourd'hui, en France, où la doctrine sécuritaire s'exprime avec de plus en plus de fermeté, soit de traiter le juge en ennemi.

Le juge, cet ennemi

On n'en finirait plus d'énumérer les déclarations de guerre contre les juges ces dernières années en France. Il est toujours possible de le mettre au débit d'un président de la République dont la détestation des magistrats est tout aussi aiguë que celle de son homologue italien, Silvio Berlusconi. Cette analyse-là n'a aucun intérêt. Le mal est bien plus profond, bien plus large. Il n'est pas lié à une personne mais à un système, même s'il faut à ce système un porte-parole.

Le reproche essentiel tient à la faiblesse des juges qui seraient trop compréhensifs, trop humains, pas assez sévères alors que la mission du juge serait une répression sans faille. Ce « laxisme » serait dangereux car il serait vécu par

15. Voir par exemple le Rapport sur la dématérialisation de la chaîne pénale présentée par les différentes inspections de l'administration, de la justice, de la police et de la gendarmerie, novembre 2006.

les délinquants comme un encouragement. Les juges porteraient donc une part de responsabilité dans la criminalité. Les juges des enfants sont les premiers visés. Une véritable croisade a été menée contre le tribunal pour enfants de Bobigny, accusé d'être à l'origine de la délinquance des mineurs en Seine-Saint-Denis[16]. Sans employer le mot, ce qui est dénoncé, c'est finalement la lâcheté des juges qui faillissent à leur tâche. Car le véritable courage est devenu celui d'incarcérer :

> « Depuis le début de l'année, le nombre d'écroués en Seine-Saint-Denis est en baisse de 15,5 %. Cela témoigne d'une forme de démission. J'aimerais que l'on m'explique comment on empêche un délinquant de récidiver si l'on n'a pas le courage de le mettre en prison[17]. » « Je suis très attaché à la justice, mais je ne pense pas que le laxisme et la démission ça fasse avancer la justice[18]. »

La force de ce reproche de laxisme est sa fausseté. Magistrats, avocats, juristes, statisticiens, sociologues... tout ce que le monde de la justice peut compter de spécialistes ou d'observateurs peut, à longueur d'années, chiffres et faits à l'appui, démontrer que les juges sont de plus en plus sévères, que les peines sont très lourdes, que les prisons, surpeuplées, n'ont jamais retenu autant de condamnés, rien n'y fait. Le discours sécuritaire mensonger, martelé sans relâche, a plus de force que n'importe quelle démonstration. Car il ne s'appuie pas sur une analyse quelconque, mais sur la peur. Dès lors que la criminalité continue malgré les promesses d'éradication et de tolérance zéro, il faut bien trouver un coupable. Si la récidive persiste malgré les lois votées chaque année pour éliminer le phénomène, ce ne peut être que la faute des juges.

L'anathème général ne suffit pas, il faut aussi mettre en cause individuellement les juges, faire quelques exemples, pour rendre la démonstration plus convaincante. Cette stratégie n'est pas dirigée contre tel ou tel magistrat. Elle fait partie d'une politique globale visant à affaiblir et décrédibiliser l'institution judiciaire dans son ensemble. Pour faire de la justice un simple maillon, il faut rabattre leur caquet aux juges et les rabaisser aux yeux de l'opinion publique. Un pari pourtant fou dans une démocratie. La justice n'étant pas

---

16. « Certains tribunaux se sont fait une spécialité d'exonérer les mineurs de toute forme de responsabilité. C'est le cas par exemple en Seine-Saint-Denis. Et ce n'est pas par hasard si la Seine-Saint-Denis connaît une délinquance parmi les plus fortes de France. » Nicolas Sarkozy, *Le Figaro Magazine*, 2 septembre 2006.

17. Nicolas Sarkozy, 20 septembre 2006, en déplacement à Bobigny.

18. Nicolas Sarkozy, RTL, 22 septembre 2006.

infaillible, pas plus que n'importe quelle entreprise privée ou service public, il suffit donc d'attendre l'erreur et de l'exploiter à satiété.

Ainsi lorsque, en 2005, une erreur de procédure à Grenoble provoque la remise en liberté de quinze personnes supposées faire partie de la pègre locale, le président de la République affirme « sentir monter la colère de beaucoup de gens ». La même année, à la suite du meurtre commis par un récidiviste en libération conditionnelle il demande que le juge qui avait pris cette décision « paye pour sa faute », oubliant que cette décision avait été prise par trois juges, non seulement dans le respect total de la loi, mais avec un luxe de précaution. En 2011, à la suite d'un autre meurtre commis à Pornic, avant même de savoir ce qu'il en était, il dénonce la faute des juges et même de la police. Peu importe que ces dénonciations ne reposent sur rien, que les inspections diligentées ne relèvent aucun dysfonctionnement, le but est atteint : la défiance est là. Après tous ces coups de boutoir, il est évidemment plus facile d'écrire au premier président de la Cour de cassation : « Il existe une crise de confiance entre les Français et la justice[19]. »

La disparition programmée du juge : une « justice » automatique

La doctrine sécuritaire porte en elle la disparition progressive du juge. Son aboutissement est en définitive, le même que celui des régimes totalitaires ou autoritaires, même si son ressort est bien différent. Car tel est bien l'objectif final. Les attaques diverses et variées contre les magistrats ne sont qu'un préliminaire destiné à abaisser, dépouiller puis éliminer un gêneur. Le cœur du dispositif est dans cette mécanique froide d'une distribution automatique des peines.

Le caractère systématique du sécuritarisme, son intolérance de base, ne s'accommode pas d'incertitude ou de demi-mesure. La répression doit être certaine et s'accomplir selon un mécanisme immuable. Ce que la loi a prévu doit être strictement exécuté. Les peines d'emprisonnement doivent être fixes, le juge étant contraint de prononcer le *quantum* prévu par le code sans pouvoir y déroger. Elles doivent s'accomplir immédiatement et intégralement. Mais la culpabilité, qui en décidera, objectera-t-on ? La réponse ne fait aucun doute : l'accusation. Le développement du « plaider coupable » est

19. Lettre de Nicolas Sarkozy à M. Guy Canivet, premier président de la Cour de cassation, 22 septembre 2006.

tel aux États-Unis ou au Royaume-Uni qu'il a presque tout envahi. Le procureur de la République en France a vu ses pouvoirs considérablement accrus et le « plaider coupable » à la française (« la convocation sur reconnaissance préalable de culpabilité », selon la dénomination du code de procédure pénale) connaît la même extension. Si le mouvement se poursuit, il ne resterait que quelques maigres pourcentages d'affaires où l'accusé refuserait de plaider coupable qui seraient confiés à un juge.

Cette analyse apparaîtra à certains excessive. Le danger est réel. L'histoire du droit démontre que les libertés s'en vont presque toujours par lambeaux. D'une exception à l'autre, de dérogation en dérogation, la règle s'efface peu à peu avant de disparaître complètement. La France s'est engagée dans cette voie depuis 2007 et le système des peines plancher ne fait que s'étendre[20]. Il était depuis lors appliqué aux récidivistes et devait rester cantonné à cette seule catégorie. Il s'agissait, nous assurait-on, d'une exception au principe de la libre détermination de la peine. La loi avait d'ailleurs été votée au lendemain de l'élection présidentielle où le problème de la récidive avait tenu une place majeure. Le masque est tombé en 2011. La loi dite LOPPSI 2 discutée et adoptée au Parlement a prévu des peines plancher pour les non-récidivistes, auteurs de violences aggravées[21]. La récidive n'était donc qu'un prétexte. Il est évident que le champ des infractions graves s'étendra progressivement et que les maigres possibilités encore offertes au juge de déroger à ces peines seront rognées à mesure. Il suffit d'attendre la prochaine loi d'orientation et de programmation pour la performance de la sécurité intérieure, puisque les lois pénales sont désormais traitées dans ce cadre-là. Le Conseil constitutionnel, en validant ces nouvelles dispositions[22], n'a pas compris la menace qu'elle fait peser sur la fonction même de juger, se contentant d'établir une digue provisoire autour de la justice des mineurs qu'elle protège de ces nouvelles peines plancher pour « primo-délinquants ».

---

20. Ce système prévoit qu'une peine d'emprisonnement fixe s'applique en cas de récidive. Le nombre d'années de prison obligatoires dépend de la peine normalement prévue : un an quand la peine normale était de trois, deux ans quand elle état de cinq, trois ans quand elle était de sept, quatre quand elle était de dix. Le juge peut y déroger en motivant spécialement sa décision en raison circonstances de l'infraction, personnalité de l'auteur, garanties d'insertion ou de réinsertion.

21. Amendements présentés par le gouvernement lors de la discussion au Sénat et devenus l'article 37 de la loi.

22. Décision 2011-625 DC du 10 mars 2011, LOPPSI 2.

À terme, aux alentours de LOPPSI 5 ou 6, ce juge automatique aura peut-être encore la robe de magistrat, il œuvrera sûrement dans un palais de justice, il consultera certainement ses codes et écoutera poliment la défense. Mais il ne sera plus un juge. Il sera devenu le maillon tant espéré de la chaîne sécuritaire. Une machine à distribuer les peines. Les plaidoiries seront nécessairement plus synthétiques, les délibérés seront courts, les statistiques chaque année plus étonnantes. La performance de la machine judiciaire atteindra enfin l'excellence.

Pour ceux qui ne prendraient pas cette menace au sérieux, il suffit d'observer, en France, ces morts en sursis que sont le juge d'instruction, le juge des enfants et maintenant le juge de l'application des peines. La condamnation du premier a été prononcée en janvier 2009 par le président de la République devant le parterre choisi de la Cour de cassation et les modalités de l'exécution ont été confiées à une commission à sa dévotion[23]. La mise en page du projet a quelque peu achoppé devant l'hostilité du monde judiciaire, mais aussi l'incompréhension de l'opinion publique et les craintes de la majorité présidentielle. La réforme a donc été remisée en attendant des jours meilleurs et de toutes prochaines élections. Son économie est simple : elle dissout un incontrôlable contre-pouvoir : le juge d'instruction. L'histoire se répète. Seules diffèrent, d'un siècle à l'autre, d'un régime à l'autre, les méthodes pour éliminer les juges. Aujourd'hui, on ne met plus à la retraite, on ne fait plus prêter serment, on supprime la fonction qui dérange. Le juge d'instruction était devenu, à partir des années 1970-1980, un danger permanent susceptible de débusquer la corruption du pouvoir politique, du simple député jusqu'au président de la République. Le dernier d'entre eux a cru trouver la méthode infaillible : supprimer le juge d'instruction pour le remplacer par un procureur de la République dont le statut est une promesse de docilité. Le procédé est cynique, mais plus moderne. 550 juges d'instruction ne seront pas révoqués, ils seront délocalisés.

Ainsi fait-on place nette pour le procureur de la République, ce magistrat qui n'en est pas un. Quelle que soit la qualité personnelle des membres du parquet, cette profession n'est plus reconnue comme magistrat à part entière, compte tenu de sa subordination excessive à l'exécutif. Le statut du parquet – le lien hiérarchique très pesant sous l'autorité du ministre de la

---

23. Voir supra, « La résistance du pouvoir et la révolte des juges », p. 77.

Justice, des conditions de nomination où le gouvernement a la part trop belle, l'absence de garantie d'inamovibilité – et les pratiques d'un pouvoir qui le tient pour un autre corps préfectoral ont conduit la Cour européenne des droits de l'Homme à juger, en 2010[24], après une analyse minutieuse de l'état des lieux, que procureurs français n'étaient pas une « autorité judiciaire indépendante ». La juridiction européenne relève même un sondage effectué à la demande du Conseil supérieur de la magistrature et d'où il ressort que la grande majorité des magistrats français estime que les membres du parquet ne sont pas indépendants[25]. Elle conclut, sans la moindre ambiguïté, que « du fait de leur statut, les membres du ministère public, en France, ne remplissent pas l'exigence d'indépendance à l'égard de l'exécutif, qui, selon une jurisprudence constante, compte, au même titre que l'impartialité, parmi les garanties inhérentes à la notion autonome de "magistrat" ».

Si le juge d'instruction vit ses derniers jours, le sort de l'autre bête noire de la politique sécuritaire, le juge des enfants, n'est pas plus enviable. La réforme de l'ordonnance de 1945, qui réglemente son activité pénale, a, elle aussi été mise sous le boisseau dans l'attente de jours meilleurs, mais l'intention est claire : il s'agit d'aligner toujours davantage cette juridiction, emblématique par son humanité et son sérieux, sur la justice des majeurs, pour la rendre, à son égal, plus rapide et plus répressive. Sans compter la véritable décapitation qui résulterait de l'abaissement de l'âge de la majorité à 16 ans.

Des procureurs de la République tout-puissants, fers de lance de la politique sécuritaire

Le terrain sera ainsi bientôt prêt en France pour l'application d'une politique sécuritaire exemplaire. Malgré des demandes insistantes – des procureurs eux-mêmes –, le pouvoir actuel refuse obstinément de modifier en quoi que ce soit le statut du parquet. Un des derniers Gardes des Sceaux peut même proclamer, haut et fort, la vassalisation, de cette profession : « Je suis le chef du parquet, ça veut dire quoi ? Je suis le chef des procureurs, ils sont là pour appliquer la loi et une politique pénale[26]. »

24. CEDH, France Moulin c. France, 23 novembre 2010.

25. 66 % précisément, Conseil supérieur de la magistrature, rapport d'activité 2008, La Documentation française, p. 104-106.

26. Rachida Dati, Canal +, le 3 septembre 2007.

Les procureurs ont donc toutes chances donc de devenir à la fois les maîtres du jeu judiciaire et les serviteurs du pouvoir exécutif. Tout l'acquis des dernières décennies pourrait être remis en cause. La longue tradition de la soumission judiciaire retrouverait son lustre d'antan.

Les procureurs de la République sont déjà aujourd'hui, dans l'appareil judiciaire, à leur corps défendant ou non, le fer de lance de la politique sécuritaire. Ils peuvent en être demain les ministres tout-puissants. La tolérance zéro, ou presque, est devenue leur credo. Elle porte, en France, le délicieux nom de traitement en temps réel, « TTR », pour les initiés. Il s'agit d'apporter, au plus tôt, une « réponse ». Ce qui prévaut est la réactivité, devenue synonyme d'efficacité. Peu importe la justesse de la réponse, du moment qu'elle intervient. L'essence de la justice passe au second plan. La vitesse et le taux de réponse d'une justice-réflexe deviennent les critères prépondérants. L'immense avantage est, là encore, de pouvoir mesurer la « production » et de fournir des éléments statistiques permettant de faire croire à une « performance ». Toute la pensée de la justice pénale contemporaine se résume dans ce tableau flamboyant de l'évolution de la réponse pénale.

Taux de réponse pénale du parquet de 1998 à 2009

Année	En pourcentage
1998	64,9
1999	67,5
2000	67,9
2001	67,3
2002	68,2
2003	72,1
2004	74,8
2005	77,9
2006	80,4
2007	83,6
2008	85,4
2009	87,7

Source : Ministère de la Justice,
chiffres clés de la justice[27].

27. Consultables sur le site du ministère de la Justice, budget et statistiques.

Nous devrions dépasser les 100 % d'ici 2014. Ces statistiques montrent certes que la machine tourne. C'est un titre de gloire suffisant. Mais le sens est perdu. Le MBO a encore frappé avec les mêmes conséquences. L'activité judiciaire s'est modelée sur une donnée chiffrable, mesurable, permettant d'afficher chaque année une amélioration.

Mais une fois sortie des colonnes et des pourcentages, la réalité est toute autre. Car le temps réel signifie une justice au mieux accélérée, ordinairement expéditive et bâclée au pire. Il faut que les hommes s'inclinent devant les chiffres, que les audiences se calibrent selon les flux, que les paroles ne dépassent pas le temps prévu, que la défense ne s'éternise pas. Il faut surtout que la réponse soit ferme. C'est ainsi que les audiences de comparution immédiate, en France, sont devenues la vitrine d'une justice sécuritaire moderne. Il faut se référer au rapport de 2007 de la Commission Nationale Consultative des droits de l'Homme (« Sanctionner dans le respect des droits de l'Homme, II, Les alternatives à la détention[28] ») ou aux remarquables travaux du « Conseil lyonnais pour le respect des droits[29] » pour mesurer les dégâts. L'une des conséquences est notamment l'augmentation de l'emprisonnement auquel la comparution immédiate conduit naturellement ; au point qu'en 2005, le nombre d'incarcérations ordonnées en comparution immédiate avait dépassé le nombre de celles ordonnées dans le cadre des procédures d'instruction (29 500 contre 28 400). Pour connaître la réalité de cette justice il faut quitter les discours officiels et se référer aux rares mais excellents spécialistes de cette justice-là : Dominique Simonnot, dans son livre, *Justice en France, une loterie nationale*[30], (1983) qui regroupe les rubriques de longues années d'assistance à ces audiences, ou le film documentaire de Cyril Danvers et Laurent Ramamonjiarisoa, *Récidivistes, chroniques de la délinquance ordinaire*, (2010)[31].

---

28. Commission nationale consultative des droits de l'Homme, *Les prisons en France*, volume II : *Sanctionner dans le respect des droits de l'Homme, Les alternatives à la détention*, étude réalisée par Sarah Dindo, La Documentation française, Paris, 2007, consultable sur le site de la CNCDH, Publications, Études.

29. Conseil lyonnais pour le respect des droits, *Rapport sur les comparutions immédiates*, novembre 2009, consultable sur le site du Conseil : www.respect-des-droits.org (consulté le 14 mars 2011).

30. Dominique Simonnot, *Justice en France, une loterie nationale*, La Martinière, 2003.

31. Cyril Danvers et Laurent Ramamonjiarisoa, *Récidivistes, chroniques de la délinquance ordinaire*, 2010, Flair Production, Diffusion France 4, France 2.

Les comparutions immédiates sont aujourd'hui une justice d'abattage, réservée à la petite délinquance où la défense est réduite à la portion congrue. Le quart-monde y défile le plus souvent, dans un état pitoyable, au sortir d'une garde à vue éprouvante. Étrangers en situation irrégulière, toxicomanes, alcooliques. Toutes les pathologies mentales, tous les troubles de la personnalité peuvent y être étudiés en détail. Si la prison déborde de « patients » atteints de schizophrénie ou autres maladies psychiques graves, c'est bien à la comparution immédiate qu'on le doit. Un taux de pauvres au-delà des moyennes ordinaires. Un taux de Noirs et d'Arabes à en faire rougir Éric Zemmour. Toutes les minorités sont là. Compte tenu du nombre de dossiers bien trop élevé, les audiences se terminent souvent très tard, à Paris, souvent au-delà de minuit, le record étant de 5 heures du matin (pour un début d'audience à 13 heures 30, la veille). Les prévenus y parlent quelques minutes, pas davantage, et leurs conseils à peine plus. Les juges essaient de conserver leur attention, de garder leur calme et un peu de lucidité.

Cette justice, menée tambour battant, sous la baguette les procureurs de la République, s'est encore aggravée depuis l'arrivée des peines plancher prononcées le plus souvent dans ce type d'audience. On voit des récidivistes condamnés rapidement à un an de prison ferme pour un vol de bouteille ou d'un flacon de parfum. Les parquets veillent très attentivement à l'application de cette loi, font rapport sur rapport, relèvent appel des décisions « laxistes ». Hiérarchisés, ils sont eux-mêmes surveillés dans leur zèle et doivent, en exécution de circulaires précises, rendre régulièrement des comptes au ministre. Leurs statistiques sont régulièrement publiées. L'ancien Garde des Sceaux, Rachida Dati, convoquait parfois même à son bureau de la Place Vendôme les moins performants des procureurs généraux (ceux dans le ressort desquels on avait prononcé le moins de peines plancher) pour les réprimander.

Cette justice de comparution immédiate est l'avant-garde de cette justice que la doctrine sécuritaire appelle de ses vœux. Elle est le prototype de cette fameuse chaîne pénale. On y voit, selon l'analyse judicieuse du Conseil constitutionnel[32], le rôle déterminant qu'y joue la police. Car si le procureur de la République mène la danse, le tempo est réglé par la police. La justice sécuritaire procède en fait à un transfert de charge de la justice vers la police.

---

32. Voir *supra*, « La résistance du pouvoir et la révolte des juges », p. 77.

Les comparutions immédiates sont un laboratoire de la justice sécuritaire. C'est une autre société qui commence à y développer ses règles. D'où cette étrange impression qu'ont tous les professionnels de pénétrer dans un autre monde, avec ses règles propres auxquelles on s'habitue difficilement mais dans lequel on peut finir par vivre et travailler. Le monde sécuritaire y est en marche.

Le peuple contre le juge

Dans la panoplie des méthodes pour réduire un juge, on trouve la suppression de sa fonction (utilisée pour le juge d'instruction), la disparition ou le transfert de son contentieux (pour le juge des enfants), mais aussi son remplacement par des éléments plus sûrs. Dans l'idéologie sécuritaire, le simple citoyen serait plus réceptif aux nécessités de la répression que le juge professionnel. D'où l'idée de mettre des jurés tirés au sort dans les tribunaux correctionnels pour contrebalancer le « laxisme » des magistrats. Ne cherchons de motivation dans un quelconque amour du peuple ou une prétendue volonté de « rapprocher les Français de leur justice » au moment où d'ailleurs la réforme de la carte judiciaire, appliquée à la hache, ne fait que les en éloigner.

Le discours est limpide, énoncé sans complexe : pour le président de la République,[33] il faut protéger les Français « de la violence chaque jour plus brutale de la part de délinquants multi-réitérant en ouvrant nos tribunaux correctionnels aux jurés populaires. Ainsi c'est le peuple qui pourra donner son avis sur la sévérité de la réponse à apporter à des comportements qui provoquent l'exaspération du pays. » Il faut éviter, précise-t-il, que les sanctions prononcées « ne soient pas à la hauteur de la sévérité qu'en attendent les Français et les victimes. » Il s'agit d'un pur discours sécuritaire avec ses composantes ordinaires : la dénonciation des récidivistes, la lâcheté des juges, la colère du peuple, les attentes des victimes...

Le gouvernement peine à faire appliquer la réforme des peines plancher et en fait le reproche aux juges. Les magistrats se sentent encore tenus par des principes fondamentaux du droit tels que la proportionnalité ou l'individualisation des peines, qu'on pourrait plus simplement dénommer sagesse et

33. Vœux à la Nation du 31 décembre 2010.

humanité. Pour leur faire courber l'échine, le pouvoir se tourne vers le peuple pour remplir les prisons.

Cette obsession de l'enfermement est à son comble dans l'autre volet du projet qui vise à adjoindre des jurés aux juges de l'application des peines pour décider des libérations conditionnelles. « Et ainsi il n'y aura plus de scandale », affirme placidement le président de la République. Alors que le scandale est de refuser des libérations conditionnelles qui, on le sait, sont le meilleur moyen d'éviter la récidive.

S'il s'agissait vraiment d'associer le peuple à sa justice, pourquoi ne pas aller jusqu'au bout du raisonnement ? Pourquoi ne pas adjoindre de jurés pour tous les délits ? Qu'y a-t-il derrière cette volonté de leur réserver seulement quelques infractions ? Pourquoi réduire cette réforme au « jugement des délits qui portent atteinte quotidiennement à la sécurité et à la tranquillité de la population[34] ». La démagogie est évidente. Il s'agit de faire du juré le porte-parole du discours sécuritaire.

Associer le peuple à la justice n'a jamais signifié monter le peuple contre les juges mais, au contraire, lui faire comprendre, par un discours politique responsable, quels sont les impératifs du droit, les nécessités des libertés publiques, les apports nécessaires des sciences humaines : tout ce progrès récent de l'humanité qui peut fonder une justice nouvelle et que le discours sécuritaire tente aujourd'hui de faire oublier ou de nier. Si, un jour, ce travail politique-là est fait, il sera possible à la suite d'une vraie réflexion d'associer le peuple non seulement au fonctionnement de la justice mais à son administration. Nous en sommes loin, nous en sommes même à l'opposé.

34. Communiqué du conseil de ministres du 2 mars 2011.

Partie IV

HUMANISME ET DEVOIR D'HUMANITÉ

Chapitre 1

L'HUMANISME

Si le juge ne veut être ni un serviteur ni un automate, si toute démocratie a besoin de lui pour sauvegarder les libertés, lui suffit-il de tenir le langage du droit pour exister encore ? Dans un monde obsédé par sa sécurité, ce discours-là est-il audible ? Faut-il se lancer dans de longues justifications pour pouvoir prononcer les mots libertés, droits de l'Homme, humanisme, quand ceux de racaille, prédateur, monstre sont acceptés sans sourciller ? Cette lourde machinerie qu'est la justice peut-elle avoir d'autre prétention que de faire fonctionner l'appareil ? Le juge est-il condamné à voir passer les flux, à les gérer tant bien que mal ? N'existe-t-il donc plus d'autre ambition que managériale et sécuritaire ? La culture des libertés est essentielle, mais rien ne dit qu'elle suffira à résister à ces demandes toujours plus pressantes d'ordre, de sécurité, d'économie, d'efficacité et de sévérité.

Mais, en tendant un peu l'oreille, aujourd'hui, n'entend-on pas, au-delà d'une revendication de liberté, une exigence d'humanité ? À l'immense malaise de professionnels qui ne comprennent plus le sens de leur métier correspond l'indignation de citoyens qui ne se reconnaissent plus dans des institutions censées les servir. Au confluent de ces incompréhensions naît une crise profonde de légitimité. L'homme semble avoir disparu en tant que valeur. Il n'est plus l'élément moteur de la société, ni l'unité de base. Et pourtant, au milieu du dispositif, en plein cœur du procès, derrière le moindre article de loi, il n'y a que lui : l'homme.

Dans mes toutes premières années de juge, le hasard fit que j'eus à instruire le dossier d'un « monstre », comme on aime à le dire aujourd'hui. Cet homme d'une cinquantaine d'années, charcutier de son métier, avait tué dans leurs lits ses trois jeunes enfants et sa femme. J'étais alors un jeune père. Une scène m'avait particulièrement horrifié. Le plus jeune des enfants, âgé de quelques mois, se trouvait dans les bras de sa mère quand son père l'avait tué d'un coup de fusil. Scène inimaginable, insupportable. Pour moi, mais pour tous. Les médias s'étaient emparés de l'affaire. Les photographies de l'album de famille, retrouvé sur place au milieu des décombres, avaient même été publiées de la façon la plus indécente qui soit dans la presse à sensation. Le meurtrier avait survécu. Il avait assemblé dans sa maison plusieurs bouteilles de gaz achetées discrètement dans les jours précédents. Après le carnage, son suicide était programmé dans l'explosion de la maison. Le plan avait échoué. Pour une raison restée inconnue, les bouteilles avaient explosé trop tôt, alors qu'il se trouvait encore devant la porte de sa maison. La déflagration avait été terrible. L'homme avait eu le bras arraché. Il avait été hospitalisé. Je l'avais inculpé à l'hôpital de Fresnes et placé en détention provisoire. L'émotion populaire soulevée par ce crime était très forte et je la partageais.

On décrit souvent, pour les besoins de la cause, un magistrat lointain, incapable de comprendre la souffrance des victimes, préoccupé de droit et attaché au seul sort du criminel. Quelle erreur ! Quel contresens ! Cet homme, je le haïssais. Comme tout le monde. Il représentait alors pour moi un vrai monstre. Comment pouvait-on tuer ses propres enfants ? Aussi froidement, aussi méticuleusement ? Il avait évidemment son mobile. Mais il m'était indifférent. L'homme était ambitieux. Il voulait être le charcutier le plus connu de sa région et avait acheté un énorme camion avec lequel il paradait dans les marchés du département et aux alentours. Son nom s'étalait en lettres immenses sur le véhicule. Il était enfin célèbre. Enfin reconnu. Mais pour acheter un tel engin, il lui avait fallu s'endetter au-delà du possible. Sa maison avait été hypothéquée et les traites n'étaient plus réglées. Les huissiers étaient devenus familiers. L'échéance était proche. La maison allait être vendue. Tous ses rêves s'écroulaient. Il avait préféré tout sacrifier, tout effacer, ne plus rien laisser, ni ses biens, ni les siens. L'homme n'en était que plus monstrueux. Il me fallait toutefois l'interroger, faire mon métier. L'interroger sur les faits, mais aussi sur sa vie. Le *curriculum vitae.* Une vraie nausée s'emparait de moi. Mais il fallait bien la surmonter. D'autant que l'homme avait, sous le choc de l'explosion et de la douleur physique, perdu connaissance et aussi le souvenir des faits. La mémoire lui revenait très progressivement, pour tout. Il a donc fallu que je le voie. Souvent. Très souvent. Une bonne vingtaine d'interrogatoires : sur sa vie, sur l'affaire. Je l'ai, involontairement, aidé à se souvenir. C'est ainsi que, peu à peu, sans que je m'en rende compte, ma haine est tombée, mes préjugés se sont estompés. Le monstre est devenu, petit à petit, un homme. Ce qu'il était depuis le premier jour, mais que je ne pouvais supporter. Il avait fallu écouter le récit de son enfance. Un père d'une rare brutalité. Un milieu où l'on parlait peu. Les débuts dans son métier. La guerre d'Algérie dont il ne disait rien, mais suffisamment pour comprendre que sa barbarie l'avait profondément marqué, comme tant d'appelés. Beaucoup d'autres épisodes d'une vie banale, mais à nulle autre pareille. Au total, un homme qui attirait assez peu la sympathie, peu apprécié des siens, de son entourage, à qui je n'aurais peut-être jamais adressé la parole, mais un homme. Pourquoi, en moi, le monstre avait-il disparu ? Apparemment par obligation. Il me fallait, en tant que juge d'instruction, l'interroger, bâtir un dossier. Il fallait surtout l'écouter, et d'abord, accepter de l'écouter. Prendre sa parole telle qu'elle était. Avant même qu'elle ne soit interprétée, analysée par des experts.

L'identité est d'abord humaine

Au XVIe siècle, comment considérer ces Indiens, que les Portugais, partis à la découverte du Nouveau Monde combattaient farouchement, autrement que des monstres ? Des cannibales ! Leurs pratiques de guerre sont abominables. De vrais barbares ! À la fin des combats, ils tranchent la tête de l'ennemi et la rapportent chez eux pour l'attacher et l'exhiber devant leur maison. Quant aux prisonniers, ils les traitent correctement dans un premier temps. Puis, une fois la communauté assemblée, ils les ligotent, les assomment à coup d'épée, les rôtissent et les mangent en festin, envoyant quelques morceaux aux invités qui ont fait défaut. Montaigne, dans ses *Essais*[1], prend le contre-pied de l'opinion commune. Qui sont les barbares ? Les Indiens ou les Portugais ? Car ces Européens qui pratiquent la torture avant de tuer leurs prisonniers étonnent tout autant leurs adversaires. Montaigne connaît mieux que quiconque l'atrocité des guerres de Religion et en parle savamment.

> « Je pense qu'il y a plus de barbarie à manger un homme vivant qu'à le manger mort, à déchirer par tourments et par gênes un corps encore plein de sentiment, le

1. Michel de Montaigne, *Les Essais*, Paris, Arléa, 2002, livre I, chapitre 30 : « Les cannibales ».

faire rôtir par le menu, le faire mordre et meurtrir aux chiens et aux pourceaux (comme nous l'avons non seulement lu, mais vu de fraîche mémoire, non entre des ennemis anciens, mais entre des voisins et concitoyens, et, qui pis est, sous prétexte de piété et de religion), que de le rôtir et manger après qu'il est trépassé. Et de conclure : Chacun appelle barbarie ce qui n'est pas de son usage. »

L'humanisme est d'abord là. Dans la ressemblance des hommes, dans leur profonde identité. Du constat de Montaigne, il est possible de conclure à un relativisme désespérant : aucune valeur n'est supérieure à l'autre. Les Européens n'ont pas plus de leçons à donner que les Indiens. Il n'y a pas plus de dignité chez les uns que chez les autres. Les Européens prétendent apporter la civilisation, ils n'apportent que la mort et la destruction, dès lors que leur intérêt est en jeu.

Mais il est possible d'en tirer un autre enseignement. Tous les hommes se ressemblent dans l'aspiration au bien comme dans l'inclinaison au mal. Il n'y a aucune catégorie humaine supérieure ou inférieure, ni surhomme, ni sous-homme. Les classifications que nous créons sont le plus souvent artificielles. Elles ne servent qu'à mettre à distance ce sombre aspect de la nature humaine commune que nous ne supportons pas en nous et, le plus souvent, que nous préférons ne voir que chez l'autre.

L'humanisme premier est là. Quels que soient les actes posés par chacun, magnifiques ou monstrueux, terriblement banals ou extraordinairement beaux, vulgaires ou impeccables, nous sommes les mêmes. L'identité est d'abord humaine, bien avant d'être nationale, régionale, culturelle, religieuse...

Nous sommes confrontés aujourd'hui à de nouveaux « sauvages » qui ne sont sauvages que parce que nous ne voulons pas y voir nos semblables. Il était scandaleux d'entendre au XVIe siècle que des cannibales étaient nos semblables. Il est tout aussi scandaleux de dire aujourd'hui qu'un terroriste, un pédophile, un sadique, un pervers, un meurtrier, un récidiviste, un délinquant sexuel est notre semblable. Est-ce parce qu'ils sont parmi nous alors que les « barbares » de la Renaissance habitaient si loin de nous ? Relisons Montaigne : les « barbares » étaient aussi ses compagnons, ses voisins, ceux qui, au nom des meilleurs principes et pour la plus grande gloire de Dieu, égorgeaient, violaient, équarrissaient leurs semblables.

Le discours humaniste est toujours aussi difficile à entendre. Quand il ne se noie pas dans des arguties philosophiques inaudibles, son message est simple, clair et donc choquant.

Humanisme et devenir

Le mot liberté n'a jamais pris autant de sens qu'aujourd'hui, face à cette conception dévorante d'un homme prévisible, face aux prédictions de toutes sortes qui s'abattent sur son devenir. L'humanisme, c'est croire en l'homme, profondément, c'est-à-dire en sa liberté : du ventre de sa mère jusqu'à sa mort. Cette liberté n'est pas un calcul de probabilité, elle ne se met pas en équation, elle ne suit aucune courbe mathématique, ne se réduit dans aucune statistique. La liberté de l'homme c'est ce qui échappera toujours aux chiffres.

Cette liberté n'est pas un pur dogme, une utopie individualisée. Elle n'a, au contraire, de sens qu'accompagnée d'une conscience aiguë et d'une connaissance maximale des forces qui pèsent sur elle. Accepter la condition humaine, c'est pouvoir s'en défaire. L'humanisme est plus qu'un pari sur la capacité de l'homme à changer. C'est la mise en œuvre permanente de tous les outils de son évolution. C'est accepter ces deux idées que l'homme peut changer et que les hommes peuvent changer d'autres hommes. Nous faisons tous partie du devenir des autres. Nous fabriquons tous, à notre échelle, l'avenir de l'autre. Chacun sait le caractère décisif d'une rencontre, d'une parole. Il n'y a que les laboratoires pharmaceutiques pour nous faire croire à l'efficacité d'un médicament. Personne, heureusement, n'a jamais vendu l'homme comme soignant, aussi efficace soit-il.

Combien d'enfants auraient dû suivre la « courbe évolutive » tragique du rapport Bénisti et terminer dans les geôles de la République ? Il suffit de regarder les très autobiographiques *400 coups* de François Truffaut pour être persuadé que cet enfant au « comportement indiscipliné », qui fuguait et avait même été placé au centre pour mineurs de Villejuif, allait « s'écarter du droit chemin pour s'enfoncer dans la délinquance ». Quant à Gérard Depardieu, il avait peu de chance d'éviter la correctionnelle selon les critères de l'Inserm. Les vols, les trafics dont parlent ses biographies, jusqu'à l'âge de 16 ans où il part pour Paris et commence des cours de comédie ne manifestaient-ils pas une tendance à la manipulation, au cynisme, à l'agressivité, à l'indocilité, à l'impulsivité ? Qu'aurait donné José Giovanni, passé à la grille d'analyse du HCR-20 ? Il avait été condamné à mort en 1948, à l'âge de 25 ans, pour complicité d'assassinat. Des affaires sordides de racket, d'enlèvements, de meurtre. Il ne doit la vie qu'à Vincent Auriol qui l'avait alors gracié. Quel tollé aurait soulevé aujourd'hui sa libération après seulement onze ans de détention. Et pourtant Joseph Damiani (selon son casier judiciaire) aurait beaucoup manqué à la littérature et surtout au cinéma français, lui qui a réalisé ou écrit tant de films avec tous les plus grands acteurs français (Jean-Paul Belmondo, Lino Ventura, Jean Gabin, Bourvil...). Il y a ceux qui deviennent célèbres, mais aussi l'immense majorité de ceux qui n'ont plus jamais fait parler d'eux, ni en bien, ni en mal. Ceux qui n'ont jamais récidivé : la plupart de ceux qu'on croyait irrécupérables, incasables, monstres... Tous ceux dont il n'y avait plus rien à attendre.

Humanisme et complexité

L'espoir en l'homme peut être une question de foi (religieuse ou laïque). Il peut aussi résulter du simple constat de son infinie et permanente complexité. Mais ce constat dérange. Il ne correspond pas aux nécessités de la vie en société. Nous ne pouvons pas nous présenter constamment sous toutes nos facettes, avec tous nos penchants, toutes nos envies. Le regard de l'autre nous ramène à l'unicité. S'il est possible de comprendre, dans un moment de repos de l'esprit, que l'homme est un sujet « merveilleusement vain, divers et ondoyant », il est difficile de vivre ce principe. « Il est malaisé d'y fonder jugement constant et uniforme », poursuit Montaigne[2]. Si malaisé que nous préférons, pour définir un homme, nous réfugier derrière une seule image, une seule parole, un seul acte. La totalité de ses images pourrait constituer un kaléidoscope insupportable, le recueil de toutes ses paroles une énigme insondable, la succession de tous ses actes un chemin inaccessible.

L'humanisme, c'est précisément d'aller à la recherche de tous les êtres qui sont en nous, accepter que l'homme soit une espèce mêlée, hybride, composite. Formée de tous les étrangers qui peuplent nécessairement notre généalogie, de toutes les religions qui s'y bousculent sans que nous le sachions, de toutes les opinions qui nous habitent successivement. Du bien et du mal qui s'y disputent sans cesse. L'humanisme n'est presque rien d'autre que le constat de cette multiplicité intérieure et du pouvoir de l'homme à habiter toutes ces formes concomitamment ou successivement. Certains y voient un don de métamorphose propre à l'homme et qui fonde

---

2. Montaigne, *Les Essais*, *op. cit.*

sa dignité[3]. Mais le changement, l'évolution, le miracle de la métamorphose ne font que refléter chacune de nos possibilités.

L'humanisme procède d'une insatisfaction perpétuelle. Il cherche au-delà de l'image qu'on lui présente, sachant qu'elle n'est pas la seule. Il fouille par-delà l'acte qu'on lui soumet, persuadé qu'il en est d'autres, contradictoires, similaires, incohérents... L'humanisme est l'enfant de cette curiosité, de même que, pour Aristote, « la science est fille de l'étonnement[4] ».

L'urgence est aujourd'hui de désincarcérer l'homme de toutes ces prisons où on le réduit. Proclamer que l'homme ne se résume pas à ces quelques renseignements d'innombrables fichiers qui l'enferment presque à vie. Qu'il n'est pas davantage la particule d'un flux ou l'élément neutre d'une statistique : ni chiffre, ni pourcentage. Qu'il n'est pas plus le membre interchangeable d'une communauté religieuse, politique, culturelle. Qu'il n'est pas un objet mais un sujet.

Toutefois, cet étonnement n'est pas une simple interrogation. Il ne découle pas d'une humeur curieuse. Il est le fruit d'un progrès du savoir, de l'accumulation de multiples autres étonnements qui ont donné progressivement naissance aux sciences humaines. De nouveaux regards ont été portés sur l'intérieur de l'homme et son environnement. Des regards qui ne donneront jamais aucune clé certaine, aucune explication définitive, mais, bien au contraire, de la psychanalyse à la neurologie, de la pédiatrie à la sociologie, de la psychologie sociale à l'anthropologie, complexifieront toujours plus la nature humaine. Il serait présomptueux de croire que leur ancienneté leur confère aujourd'hui droit de cité. Toutes ces disciplines gardent un pouvoir subversif étonnant. Elles contrarient violemment le désir d'uniformisation sociale et empêchent le lâche soulagement de la simplicité. Si l'humanisme ne peut plus être une aspiration à toutes les connaissances, s'il est bien davantage qu'un simple appétit de savoir, il doit rester cette revendication permanente au savoir : un savoir d'où la certitude est bannie, chassée à chaque instant par un doute essentiel.

L'humanisme part de l'homme, ne s'en éloigne pas et y revient toujours. Il peut prendre le biais de n'importe quelle pensée, emprunter le regard de

3. Christophe Bouriau, *Qu'est-ce que l'humanisme ?*, Paris, Vrin, coll. « Chemins philosophiques », 2007.

4. Aristote, *Métaphysique*, A, 2, 982b.

n'importe quelle science ou discipline, il peut prendre vie dans beaucoup d'utopies, mais sa terre est la même. Sa richesse vient de son humilité et de la simplicité de son entreprise : regarder l'homme tel qu'il est, à sa hauteur. Cette posture modeste est celle des pratiques mais aussi des recherches, de la vie ordinaire et des questionnements, de l'être et du savoir.

Les sciences humaines et sociales ont bouleversé notre compréhension du monde. Elles ont toutes pris l'homme pour plus petit dénominateur commun. Beaucoup d'entre elles reposent sur l'observation de l'individu concret, le contact terre à terre et l'analyse des phénomènes et des interactions à la plus petite échelle. Toutes les sciences du psychisme ont pour ressort essentiel le lien direct entre le professionnel et le sujet et s'appuient essentiellement sur la clinique. L'entretien est au cœur de toutes les pratiques médicales. Au-delà de ces disciplines qui ont pour objet le bien-être des hommes, dans beaucoup de sciences se sont développés des courants qui revendiquent une approche plus fine, plus centrée sur l'homme observé dans sa réalité et son ordinaire, y compris dans l'histoire et la sociologie.

La science y trouve son compte car tout homme contient toute l'humanité, chacun détient un capital qu'il partage avec tous. « Chaque homme porte la forme entière de l'humaine condition. » Observer le plus petit d'entre nous c'est apprendre sur tous. Montaigne tirait de sa propre personne la matière de tous ses *Essais* et de sa connaissance du monde. Il n'y a rien de plus réconfortant que ces sciences débutant et prospérant dans l'observation des proches ou des familiers. Alfred Binet étudiant ses propres filles. Sigmund Freud observant sa fille, Anna, puis celle-ci son neveu, W. Ernest Freud...

Cette richesse humaine inouïe est à portée de main. Nous pouvons tout apprendre sans quitter le regard d'un seul homme. À condition d'admettre que cette richesse repose sur le temps, que la relation à l'autre doit obéir à son rythme propre, qu'elle ne dépend pas d'une norme extérieure, d'un modèle imposé. Toute standardisation de la parole ou de l'écrit, toute mise en « grille », toute modélisation de l'expression et de l'entretien, éloigne de l'essentiel et, sous prétexte de rapidité, ralentit le savoir et répète des acquis. Les questionnaires à choix multiples aboutissent tous à des réponses à choix unique. Toutes les pratiques de gestion « modernes » assèchent systématiquement les rapports humains et nous privent de l'essentiel : la parole, le geste imprévu, la pépite inattendue, la différence où réside précisément la richesse.

Chapitre 2

LE JUGE, L'HUMANISME ET LE DEVOIR D'HUMANITÉ

Dire que le juge est tributaire d'un devoir d'humanité ou dire qu'il a pour destin de sauvegarder les libertés, c'est énoncer une même vérité. C'est partir du constat qu'il est possible d'enlever à l'homme sa dignité, de lui « refuser le statut d'être humain », selon l'expression d'Imre Kertész. Il est des époques ou des domaines plus propices que d'autres à la déshumanisation. Le début du XXIe siècle est l'une de ces époques, la justice l'un de ces domaines.

La justice pour les hommes et non les hommes pour la justice : le syllogisme inversé

« Le législateur, écrivait Portalis, ne doit point oublier que les lois sont faites pour les hommes et non les hommes pour les lois [1]. » On peut en dire au moins autant de la justice. La justice est faite pour les hommes et non les hommes pour la justice.

Le principe est noble et généreux, mais il ne tire sa force ni de sa noblesse ni de sa générosité : s'il est au cœur de tout système judiciaire c'est que l'essence de la justice est de s'appliquer au « particulier », à l'individu. La loi, elle, est faite pour la généralité : elle concerne une communauté d'hommes, un homme abstrait, un standard juridique, ce que le code civil français appelle le « bon père de famille », modèle idéal de l'homme en société. Elle définit les règles qui permettent à ces hommes exemplaires de vivre ensemble, en définissant leurs droits et leurs devoirs. Personne n'a évidemment jamais croisé ce fameux bon père de famille, mais il reste la

1. Jean-Étienne-Marie Portalis, *Discours préliminaire du premier projet de code civil*, *op. cit.*

référence du législateur. Le juge, lui, se frotte aux hommes ordinaires, plein de défauts et de maladresses, à distance variable de l'idéal absolu. C'est cet ordinaire-là qui est le terreau de la justice.

L'idée habituellement admise est que la justice est le lieu de l'application des lois aux hommes. Même si certains admettent que le juge dispose d'une marge de manœuvre importante pour interpréter ou combler les vides de la loi, la concession ne va pas au-delà. Tout procès serait ainsi le lieu de mise en œuvre d'une norme légale supérieure, préexistante. L'individu serait, via le magistrat, le dernier réceptacle de la loi. Le jugement serait une sorte de translation de la loi à l'homme, de sécularisation d'un commandement divin.

Le mouvement n'est pas celui-là : dans l'ordre de la justice, il y a d'abord les hommes. Ou plutôt un homme. Un homme singulier pris dans le fleuve de sa vie, dans un magma de faits, de gestes, de paroles, de relations, de sentiments, de passions, de souffrances... Un segment, un moment de cette vie l'a conduit devant le juge. Ce moment, souvent vague, informe, imprécis, ambigu, se heurte, apparemment, à une ou des règles de droit souvent floues, parfois incertaines, et la justice se doit d'articuler le tout, de rapprocher cette vie de ce droit-là et d'en tirer des conséquences.

Le syllogisme doit être inversé. Le juge ne part pas de la loi. Il est d'abord face à une situation humaine problématique. Dans un second temps la société lui propose un état de droit qui pourrait convenir à cette situation. Il doit tenter de comprendre ce qu'il voit, se débrouiller avec ce droit (bien plus large, on l'a vu, que la loi), respecter l'absolu des libertés et en déduire une décision, en s'aidant de sa conscience et de son humanité. Il doit enfin retourner vers l'homme pour que cette décision lui soit utile, à lui et à tous ceux qui sont concernés par celle-ci. C'est évidemment moins solennel, moins cartésien que l'analyse universitaire ordinaire. Nous sommes assez loin d'une opération logique, mais c'est ce que vivent les hommes, les « justiciables » et les gens de justice quand ils veulent bien se donner la peine de l'avouer.

Juger un homme et rien d'autre

Chaque fois que la justice se trompe d'objet, qu'elle juge quelqu'un d'autre que l'individu poursuivi ou quelque chose d'autre, elle se dénature. Juger un homme et, plus encore, ne juger que cet homme, est de l'ordre de l'impossible. La tentation permanente est de lui substituer un autre objet, plus accessible, plus facile, plus conforme à nos schémas ordinaires, qui évite l'angoisse d'avoir à tenter de comprendre qui est cet homme et ce qui est arrivé réellement.

La justice n'a pas le privilège de cette reconstruction de la réalité. La psychologie sociale a fait sa matière de cette transformation du réel par une multitude de schémas, de standards, d'images toutes faites. Le droit étant, pour une bonne part, un instrument de catégorisation, on comprend l'embarras du juriste dans le choix de la bonne case où faire entrer une situation humaine informe. Le droit n'est d'ailleurs pas le seul outil réducteur à sa disposition, car la justice est le lieu privilégié de production de l'imaginaire, proposant, avec une force peu commune, des mots tout faits et des prêts-à-porter idéologiques et politiques. Ainsi, pour un récidiviste, le juge dispose de toute la panoplie verbale alimentée par le discours populiste. Pour l'auteur d'un meurtre, surtout sur un mineur, les habits du « barbare », de la « racaille » ou de la « bête » sont déjà taillés sur mesure. Tous ces préjugés valent bien plus qu'un article de loi.

Le souci d'exemplarité est un des meilleurs moteurs de substitution. Il n'y a pire injustice que cette prétendue justice exemplaire. On ne juge plus l'auteur d'une infraction mais un objet de dissuasion. Tous les régimes autoritaires ont voulu faire de la justice une donneuse de leçon et des juges d'ardents propagandistes de leur politique. Presque tous les législateurs ont succombé à cette tentation, persuadés que le crime reculerait à la vue d'une plus grande souffrance du condamné. Mais le châtiment-spectacle n'a jamais servi qu'à assouvir un besoin d'ordre. L'homme qu'on juge n'est plus qu'un prétexte. Combien de voleurs à la tire en pleine action dans ces foules rassasiées qui assistaient aux supplices des voleurs ?

Quand la justice déplace ainsi l'accusation, l'erreur est inévitable. C'est un autre homme qui est à la barre ou dans le box, c'est un autre procès qui se joue. Quelle défense d'ailleurs serait possible : qui défendre ? L'accusé réel ou l'accusé potentiel ? La justice se paye une doublure. Ce n'est pas Alfred Dreyfus qui était jugé en décembre 1894 par le conseil de guerre. Tous les efforts et le talent de son avocat, Me Edgar Demange, n'y pouvaient rien. Les juges n'écoutaient pas. Peu importe l'incohérence des charges, les invraisemblances des expertises. Ce n'est pas Alfred Dreyfus qui était condamné pour trahison à la destitution de son grade, à la dégradation militaire et à la déportation, c'était l'officier juif. Un antisémitisme virulent a servi de code aux juges militaires. « À bas le traître ! À bas le juif ! » criait la foule haineuse pendant sa dégradation à l'École militaire.

Juger un homme, pas un dossier

Dans la célèbre affaire dite d'Outreau, les magistrats en charge du dossier ont été sommés de s'expliquer sur leurs actes devant une commission parlementaire[2]. Après quatre années de procédure et des années de détention provisoire injustifiées, le solde était lourd : quatre condamnations et treize acquittements. Pressé de questions, notamment pour savoir ce qui l'avait fait changer d'avis, lors de la première audience à la cour d'assises de Boulogne, en 2004, le procureur de la République faisait cette confidence aux parlementaires : « C'est toute la différence entre le dossier papier et l'humain de l'audience. Ce sont deux univers tout à fait différents[3] ! » Le juge des libertés et de la détention, dans le même dossier, n'avait rien dit d'autre : « À aucun moment, au stade de l'examen d'une demande de mise en liberté, le juge des libertés et de la détention n'a de contact physique avec la personne qui sollicite sa mise en liberté. [...] La loi a fait du juge des libertés et de la détention un juge dépourvu de sensations[4]. »

Aveux tardifs, mais qui traduisent, involontairement, une des conditions élémentaires du jugement : le « contact physique » avec un homme. On peine à croire qu'il s'agisse d'une découverte, qu'il puisse en être autrement. Pour qui ne connaît pas les rouages de la justice et ses mauvaises habitudes, il paraît inimaginable qu'un homme puisse être jugé en son absence, qu'on puisse se prononcer sur sa culpabilité, sa liberté, sans l'entendre, sans le voir. Les magistrats de l'affaire d'Outreau ont eu l'honnêteté et le courage de l'avouer. Il est possible, il est même fréquent de se prononcer à partir de

---

2. « Rapport de la commission d'enquête parlementaire chargée de rechercher les causes des dysfonctionnements de la justice dans l'affaire dite d'Outreau et de formuler des propositions pour éviter leur renouvellement », Rapport de l'Assemblée nationale, n° 3125, enregistré le 6 juin 2006, Paris, http://www.assemblee-nationale.fr/12/rap-enq/r3125.asp (consulté le 14 mars 2011).

3. *La Voix du Nord*, 10 février 2006.

4. « Rapport de la commission d'enquête parlementaire chargée de rechercher les causes des dysfonctionnements de la justice dans l'affaire dite d'Outreau et de formuler des propositions pour éviter leur renouvellement », *op. cit.*, p. 270.

ce seul « dossier papier ». Ce dossier-là, ce sont des procès-verbaux établis par d'autres : le plus souvent une enquête de police. Quelle que soit sa qualité, il traduit la conviction d'autrui. Ce n'est jamais la vérité, mais une vérité. Une vérité policière nécessairement déformée par les conditions de l'arrestation, le contact particulier entre l'enquêteur et le suspect, le déroulement de la garde à vue, les convictions propres du policier, le poids qu'il a pu attacher à tel indice, tel témoignage, la culture policière, la pression d'une hiérarchie, les exigences de la politique pénale du moment... Mais lorsque ce travail aboutit à une liasse de feuillets bien rangés, il s'en dégage une impression de vérité, un *a priori* de crédibilité, une présomption d'exactitude. La lecture d'un « dossier papier » entraîne le plus souvent une adhésion. Elle dessine dans l'esprit du juge l'image d'une affaire, mais surtout elle remplace celle d'un homme. Cette image qui s'impose si facilement est tronquée. Elle est tout entière dans l'acte reproché. Ce qui s'impose chez le magistrat, dans un premier temps, ce sont des faits : un morceau très limité de la vie d'un homme, un espace borné, sans histoire. Il pourrait être rattaché, en définitive, à n'importe quel individu. L'événement sélectionné par l'enquête de police a le contour et la saveur d'un article du code pénal : il est perçu et exposé au vu des exigences de la loi. Les questions posées vont d'ailleurs se limiter à cette matière première qui se moule dans la définition de l'infraction.

Ce vol, cette escroquerie, ces violences, ce meurtre deviennent des actes simples. Plus simples que la vie. Conformes à un modèle, entrant parfaitement dans la catégorie juridique prévue. C'est une sorte de croquis rapide d'un modèle extraordinairement complexe qu'il n'est de toute façon pas question d'appréhender comme tel. Une impression va donc se dégager de la lecture de ce « dossier papier ». Si aucune parole réelle ne vient interférer avec ces lectures, la vérité du dossier papier deviendra, en un tournemain, définitive. Car tout l'avantage est là : la rapidité, la facilité. Le papier n'est pas contrariant. Ces phrases écrites se glissent vite en nous. Il n'y a d'ailleurs pas toujours le temps de tout lire. La tentation est forte de se contenter du procès-verbal de synthèse de l'enquêteur où ce dernier imprime encore davantage sa conviction personnelle et peut se laisser aller à des appréciations très orientées, se mettant à la place du juge. Autant l'avouer, le « contact physique » est un risque. Il peut détruire l'impression première, remettre en cause tout un travail d'enquête qu'il est tellement plus simple d'avaliser. La tentation de la rentabilité sera donc toujours d'éviter cette confrontation à l'autre. La faiblesse sera toujours de s'épargner cette remise en cause dérangeante. L'humanité est toujours un effort, l'humanité est une possibilité !

Chapitre 3

LE TEMPS DE L'HOMME

La justice a besoin de temps. Cette sagesse élémentaire n'est plus de mise dans une société managériale et sécuritaire. L'idée en semblerait presque vieillotte. L'accélération globale de la société, de l'information, des transmissions, des transports... emporte tout dans son élan : « l'excellence » qualifie ceux qui veulent travailler plus pour travailler plus vite. L'État et ses agents sont sommés de suivre la cadence. De quel droit la justice revendiquerait-elle de prendre son temps ? Elle qui entretient un rapport au temps si compliqué, dont la lenteur est l'une de ses plaies les plus anciennes, objet d'une critique récurrente, de tous les temps, de toutes les sociétés ? Deux mythes s'opposent : une justice majestueuse, pesante et indolente ; une idéologie moderne fondée sur la performance. La réalité est tout autre. La justice peut-être très rapide. Le temps réel moderne n'est pas une nouveauté. La justice a toujours connu des séquences expéditives. Le lynchage et ses variantes sont aussi une constante. Le châtiment réflexe et barbare d'un peuple ou d'une foule excités, plus ou moins canalisés par l'appareil judiciaire, se retrouve dans toutes les époques de troubles, de guerre ou de révolution. Il réapparaît régulièrement lorsque des publics excités hurlent « À mort ! » contre des criminels aux abords des palais de justice et des commissariats. On en oublierait presque, aujourd'hui, que l'État doit parfois protéger les délinquants contre le mouvement des foules.

Le devoir du temps : traitement en temps réel ou justice en temps humain

La justice peut avoir de très bonnes raisons d'agir dans l'urgence. Il lui faut parfois trancher rapidement quand elle se trouve en phase de recherche ou d'enquête, dans la phase première d'un procès – ce que les juristes appellent la « mise en état » – ou lorsqu'il faut prendre des mesures préparatoires ou conservatoires, « le référé » par exemple. Mais, dès lors qu'elle doit trancher définitivement (« sur le fond »), elle a tout à gagner à s'éloigner un peu des faits. Sans un minimum de recul, le juge sera toujours dans une logique expéditive d'émotion et de réaction instinctive. Plus la justice est rapide, plus elle s'attache à l'acte et plus elle oublie l'homme : aussi bien le suspect, encore tout imprégné de son infraction, tout puant de sa garde à vue, que la victime, incapable en quelques heures de reprendre ses esprits et de faire valoir ses droits. Ni l'un ni l'autre ne peuvent décemment organiser une défense dans l'urgence.

Il lui faut donc se défaire de cette idée pernicieuse que la qualité de la justice rime avec sa rapidité. Attendre, c'est s'ouvrir d'autres possibilités que la répression pure et simple et l'emprisonnement-panacée.

La France est, de ce point de vue, dans une situation paradoxale. Le discours politique officiel, dans la droite ligne de la doctrine sécuritaire, est un panégyrique permanent de l'enfermement. Les procédures rapides ou ultra-rapides dites en temps réel sont privilégiées. Les juges sont exhortés à se montrer « courageux » et à emprisonner sans trop réfléchir. Toutes les lois récentes sont des incitations à décerner des mandats de dépôt, parfois même en les dispensant de motivation, pour aller plus vite[1]. Il n'est pas question alors de perdre son temps en examinant de trop près le contexte de l'infraction, la situation humaine, sociale, professionnelle, familiale sanitaire du prévenu.

Pour les comparutions immédiates, le seul garde-fou consiste en une enquête sociale intitulée « enquête sociale rapide » pour le cas où l'enquêteur tenterait d'élargir de trop cette parenthèse humanitaire. Les professionnels de qualité qui la pratiquent se trouvent pris dans de terribles contraintes de

1. La loi du 12 décembre 2005, relative au traitement de la récidive des infractions pénales, a modifié le code pénal. Lorsque le juge prononce une peine de prison, il doit la motiver de façon sérieuse ; la loi exige une motivation « spéciale ». Mais depuis cette loi, lorsqu'il réprime une récidive, qui entraîne pourtant une peine plus lourde, il n'a plus à rédiger de motivation spéciale : article 17 de la loi devenu l'article 132-19 du code pénal.

temps imposées par le rythme général de la procédure (des audiences qui doivent se tenir 20 heures après la fin de la garde à vue) mais surtout des exigences budgétaires qui les obligent à minuter le temps qu'ils peuvent consacrer à chaque entretien. En définitive, l'approche humaine se trouve réduite à sa plus simple expression, pour privilégier le rendement et la prison. Le résultat est là : des prisons surpeuplées où des détenus vivent dans des conditions indignes.

Mais, compte tenu de cet afflux croissant de prisonniers dans les maisons d'arrêt, le gouvernement (le même) a fait voter des dispositions permettant de ne pas mettre à exécution les peines d'emprisonnement. Une loi votée en 2009 (la « loi pénitentiaire[2] ») prévoit que les peines d'emprisonnement jusqu'à deux ans de prison (c'est-à-dire l'immense majorité d'entre elles) peuvent être transformées par le juge de l'application des peines. Ce dernier s'intéresse alors à la personne du délinquant : sa famille, sa qualification, son emploi, sa santé. La justice devient soudain humaine (en tous cas elle essaie de l'être) après avoir été brutale. L'incohérence est totale. Pourquoi ne pas avoir fait preuve d'humanité plus tôt ? Parce qu'il fallait sacrifier à la rapidité. On comprend que les plus fervents partisans du sécuritarisme réclament aujourd'hui l'abolition de cette loi pénitentiaire qu'ils viennent pourtant de voter, pour s'en tenir au premier réflexe du juge, loin de toute humanisation. Le député Éric Ciotti[3] l'explique clairement, déclinant parfaitement la philosophie actuelle du pouvoir :

> « Il faut un système plus efficace, plus rapide et surtout qui sanctionne mieux. Le temps de la réponse pénale ne cesse de s'allonger et l'on a atténué l'exemplarité de la peine... Je suis convaincu que les marges de progrès résident aujourd'hui dans l'amélioration de la réponse pénale. Il faut d'abord revenir sur la loi pénitentiaire de 2009 préparée par Rachida Dati. Ce texte, le seul que j'ai refusé de voter[4], risque de conduire à la déroute judiciaire, si l'on y prend garde. Il fait de la prison l'exception en matière correctionnelle pour toute condamnation jusqu'à deux ans d'enfermement. La détention provisoire est de moins en moins appliquée, les aménagements de peine se systématisent. Ce qui aboutit parfois à de dramatiques erreurs d'appréciation, encourage la récidive et démotive les forces de l'ordre[5]. »

---

2. Loi pénitentiaire du 24 novembre 2009.
3. Secrétaire national de l'UMP pour les questions de sécurité.
4. Il s'est effectivement abstenu.
5. Interview d'Éric Ciotti, *Le Figaro*, 3 décembre 2010.

Audience et interrogatoire, le temps de la parole

Dans toute justice, l'audience devrait être l'un des lieux où le citoyen vient se rassurer. Les bancs du public devraient être remplis. Chacun devrait pouvoir y regarder la démocratie en action. Toute la science de la justice devrait être là : dans ce temps d'audience où se jouent tant de droits et de libertés et où se mesure son humanité. Grands ou petits, tous devraient immédiatement, à l'écoute du moindre instant d'un procès, comprendre, sans qu'il faille le leur expliquer, ce que sont la présomption d'innocence, l'égalité des armes, le respect des droits de la défense.

Personne ne peut pénétrer dans les palais dorés de ceux qui nous gouvernent ; il faut des autorisations pour pénétrer dans les assemblées du parlement ; la justice est un des rares lieux d'apprentissage direct de la démocratie. Encore faut-il que le spectacle en soit digne.

L'audience est avant tout un temps d'écoute. Le mot a la même étymologie qu'entendre *(audire)*. Un procès est donc nécessairement ce temps pendant lequel chacun a droit à la parole, le demandeur comme le défendeur, l'accusation comme la défense, l'accusé comme le plaignant. L'humanité d'une justice se mesure à la façon dont est respecté ce droit, aujourd'hui malmené.

Les procédures de plaider coupable (où la discussion sur la culpabilité et la peine se déroule hors audience, dans le bureau du procureur, entre celui-ci et le prévenu assisté de son avocat) réduisent l'audience à une formalité : il s'agit d'homologuer ou non, mais tout est déjà joué, la parole ne sert à rien, elle a déjà été donnée[6]. Quant aux comparutions immédiates, elles réduisent le temps de parole au strict minimum du « traitement en temps réel ». Beaucoup d'audiences aujourd'hui font davantage penser à un système de gestion des flux qu'à la tenue d'un procès équitable.

Le pire est encore dans le développement des visioconférences qui permettent à un juge ou au tribunal de procéder à un interrogatoire, une audition ou une confrontation par le biais d'un téléviseur. Le ministère de la Justice tente de généraliser cette méthode[7] et demande qu'elle soit utilisée

6. Le recours à ces procédures dites de « comparution sur reconnaissance préalable de culpabilité » ne cesse d'augmenter depuis leur création en 2004, représentant en 2008 (derniers chiffres disponibles) plus de 10 % du jugement des délits : 56 326 procédures sur un total de 530 760 affaires jugées en correctionnelles (annuaire statistique de la justice).

7. Circulaires du 5 février 2009 et du 18 juin 2009.

« dans le cadre d'une nécessaire rationalisation des moyens de l'État ». Il décrète à ce sujet une « mobilisation générale » et souligne que « la performance des cours d'appel sera appréciée au regard du nombre de visioconférences réalisées ». On ne peut mieux dire dans la novlangue sécuritaire et managériale. Cette déshumanisation consciente et organisée s'applique évidemment en priorité aux détenus. Il s'agit d'éviter des déplacements « inutiles » d'escortes de police ou de gendarmerie, d'économiser les deniers de l'État. C'est dans ces « détails » terribles que se mesurent le mieux les évolutions en cours et la nécessaire résistance à ces dérives antihumanistes[8]. Les leçons de l'affaire d'Outreau semblent bien oubliées.

Le « contact physique » apparaît toujours comme un risque pour la justice, la parole plus encore. Elle est pourtant au cœur de son processus. L'interrogatoire et l'audience tiennent du miracle. Ils sont le temps de la découverte d'un homme. De nouvelles paroles surgissent nécessairement, qui n'avaient jamais été entendues. L'enquête avait fait le tri. Si l'accusé peut réellement s'exprimer, c'est souvent une tout autre réalité qui va se dessiner et s'inscrire dans la logique de vie, parfois très loin de ce qu'attendait le juge. Le discours de la victime, si elle est libre de parler et si elle y parvient, est tout aussi surprenant ; il est parfois très loin des stéréotypes. Il appartient au juge de savoir écouter toutes ces paroles et de les laisser prospérer alors qu'elles sont parfois violemment contradictoires. L'écoute n'est pas un don du ciel. Elle nécessite un long apprentissage et la mise en œuvre de techniques spécifiques. La formation actuelle des magistrats l'ignore. Il y a pourtant tout à gagner à s'inspirer des multiples avancées des sciences humaines en la matière. Le choix est clair.

La justice devrait consacrer un temps considérable à l'entretien. Le lien humain est à la base de son processus de décision. Elle peut s'enrichir des multiples acquis de ce que, depuis plus d'un siècle, ont découvert et expérimenté la psychologie, la psychologie sociale, la psychanalyse, la linguistique, l'anthropologie, la sociologie, la pédiatrie, la psychiatrie, la médecine, la psychotraumatologie... Elle est à même de s'associer à ce progrès humain

8. Le Syndicat de la magistrature a édité le 30 avril 2009, une « contre-circulaire sur le recours imposé à la visioconférence en matière juridictionnelle ». Elle peut être consultée sur son site : http://www.syndicat-magistrature.org/Contre-circulaire-sur-le-recours.html (consulté le 14 mars 2011).

en sachant qu'il ne lui fournira aucune solution évidente, aucune recette miracle ; elle est capable d'intégrer avec prudence ces acquis à sa pratique et à sa culture. La parole de justice peut alors devenir un véhicule de compréhension commune et de légitimation de ses décisions. Il est possible, à rebours, de mutiler la parole et l'expression, d'en faire une formalité dans une justice rapide et « performante » : une justice formatée dans le cadre de la « Révision générale des politiques publiques », « modernisée » de force, qui suivra le lot commun du dépeçage des services publics.

Dans la crise profonde que traverse actuellement la justice française, les professionnels – juges, greffiers, fonctionnaires de justice, avocats – affirment clairement leur volonté de refuser un travail à la chaîne qui dénature et déshumanise leur métier. Ce mouvement est riche d'espérance. Parmi toutes leurs revendications, fortement exprimées, l'une d'elles consiste dans le strict respect de la durée des audiences. Personne n'a jamais contesté cette norme d'humanité, mais, peu à peu, elle disparaît, reléguée au second plan par d'autres normes de temps réel, de statistiques, de rentabilité. Il n'est plus temps de tergiverser. Deux types de justice s'affrontent entre lesquels la société doit choisir.

Chapitre 4

COMPRENDRE L'HOMME

Comprendre n'a jamais voulu dire absoudre, encore moins excuser. Dès lors qu'une sanction doit s'appliquer à un homme, elle doit le prendre en considération et ne pas s'en tenir à ses seuls actes. Cette évidence porte, en droit, le nom d'individualisation de la peine. Elle a valeur constitutionnelle en France [1] même si le Conseil constitutionnel n'en a pas toujours tiré toutes les leçons. Comment et jusqu'où la justice peut-elle pousser ce souci de compréhension et quelles peuvent en être les conséquences ? Le débat est à la fois procédural, politique et philosophique.

Pour tenter de comprendre, encore faut-il, une fois de plus, en avoir le temps et les moyens. La vitesse à laquelle se déroulent la plupart des audiences ne permet pas de savoir grand-chose de l'accusé et de sa vie. En dehors des affaires criminelles (seulement 3 700 personnes environ jugées en 2008 [2] par les cours d'assises), la justice pénale se paie rarement le luxe d'investigations poussées sur la personnalité. Sur la masse des dossiers renvoyés devant les tribunaux correctionnels (555 818 personnes jugées en 2008), les enquêtes de personnalité sont rares et les expertises psychiatriques ou psychologiques tout autant. Les restrictions budgétaires n'incitent pas à multiplier ce genre de recherches et les experts, mal payés, se font de toute façon de moins en moins nombreux. Tenter de comprendre, c'est se heurter déjà à cet obstacle matériel majeur.

---

1. Depuis la décision n° 2005-520 DC du Conseil constitutionnel du 22 juillet 2005 : le principe d'individualisation des peines qui découle de l'article 8 de la Déclaration des droits de l'Homme et du Citoyen de 1789.

2. En 2008, 3 240 personnes jugées en cour d'assises de premier ressort et 485 en cour d'assises d'appel.

De Magnaud à Daumier

Voici un siècle, le juge Magnaud, dit « le bon juge Magnaud[3] », était une figure appréciée et discutée de la magistrature. Président du tribunal de Château-Thierry de 1887 à 1906, il s'était fait remarquer par la clémence et l'humanité de ses décisions. Son jugement le plus connu avait été rendu en 1898 dans une affaire de vol. L'auteur en était une jeune femme mère célibataire, Mlle Louise Ménard, qui avait volé un pain pour nourrir son jeune enfant de deux ans et elle-même, alors qu'ils n'avaient rien mangé depuis deux jours. Elle était en « état de nécessité », avait-il estimé, et il l'avait relaxée. Le brave président avait lui-même indemnisé le boulanger. Tenir compte des réalités sociales, comprendre les ravages de la pauvreté, ne pas se contenter de juger l'acte, voilà tout simplement ce que préconisait ce juge. « Le juge peut et doit interpréter humainement les inflexibles prescriptions de la loi », écrivait ce président dans son jugement. Cette jeune fille-mère n'était pas la seule à bénéficier de cette jurisprudence. Le juge Magnaud faisait preuve de la même compréhension à l'égard des vagabonds, des mendiants, même récidivistes ! Il avait beau être régulièrement infirmé par la cour d'appel, il maintenait des positions, très en avance sur son temps, dans des domaines aussi variés que le droit de grève, le divorce par consentement mutuel, les droits des victimes d'accident de la route ou d'accident du travail : la société avait, elle aussi, une part de responsabilité dans les infractions reprochées et il en tenait compte. On comprend que les opinions aient pu se partager à son sujet. D'un côté, les tenants de l'ordre inflexible et d'un juge taisant. De l'autre, les partisans d'un juge tenu au devoir d'humanité. En 1901, Louis Barthoud était des premiers, Clémenceau des seconds. « Si la loi est mauvaise, insuffisante, affirmait le premier, il appartient au législateur de la modifier, pas au juge. » « Si Magnaud, rétorquait le second, fait à Château-Thierry ce qu'on devrait faire la Chambre, c'est que la Chambre ne le fait pas. Mais tant que la Chambre ne fera pas sa besogne, il est bon qu'il y ait des présidents Magnaud pour le faire à sa place[4]. »

3. Voir l'article très détaillé sur le site de la cour d'appel d'Amiens : « Un bon juge passé à la postérité : le Président Magnaud », http://www.ca-amiens.justice.fr/index.php ?rubrique=131& article=12680 (consulté le 14 mars 2011).

4. Jean-Louis Debré, *La justice au XIXe siècle*, volume I : *Les magistrats*, *op. cit.*, p. 112.

À l'autre extrême, il y a toujours eu cette justice insensible, cette magistrature sans pitié, dure avec les pauvres et complaisante avec les riches, si bien croquée par Daumier dans une caricature célèbre où un juge affalé sur son fauteuil, les mains croisées sur le ventre, lance au prévenu : « Vous avez faim, vous avez faim... Ce n'est pas une raison... Moi aussi, presque tous les jours j'ai faim et je ne vole pas pour cela[5]. »

Comprendre sans s'identifier

Dans d'innombrables affaires, le tribunal se pose la question, face à des personnalités fortement perturbées, présentant à l'évidence des troubles graves ou des maladies psychiques évidentes : faut-il en rester là ? Peut-on juger, sans en savoir plus sur une débilité patente, une psychose probable, une dépression majeure, un alcoolisme avéré, une addiction installée ? Le « bon sens » des juges, la parole du prévenu, les quelques éléments fournis par l'avocat suffisent-ils ? Vouloir comprendre signifie alors ordonner un complément d'information, une expertise, retarder le jugement de l'affaire et mettre en péril les statistiques et le rendement. J'avais retracé dans un précédent ouvrage[6] le cas de cet homme, déjà condamné vingt-quatre fois pour des vols, presque toujours en comparution immédiate, à nouveau poursuivi pour la même infraction, et qui présentait, à l'évidence des signes de troubles psychiques majeurs. Il était d'ailleurs placé sous tutelle. Jamais, au cours des vingt-quatre procès précédents, expédiés à la va-vite, la moindre expertise n'avait été ordonnée. Les courtes peines de prison s'étaient succédé au fil des ans. Personne n'avait jamais voulu comprendre quoi que ce soit à cet homme. Il s'agissait de petits vols, il fallait traiter tout cela en temps réel et la justice n'allait pas perdre son temps. Une expertise avait été ordonnée cette vingt-cinquième fois. Elle avait conclu à la « débilité » d'un être « dépendant, suggestible et influençable ». L'expert évoquait à une « psychose infantile cicatrisée sur un mode déficitaire ». Sur l'avis conforme de ce psychiatre, une relaxe avait été prononcée, le prévenu étant irresponsable. L'enjeu n'est pas toujours aussi décisif, mais comment décider d'une sanction sans ces données élémentaires sur la santé du prévenu ?

---

5. Honoré Daumier, *Les Gens de Justice*, 1845-1846, lithographie.

6. Serge Portelli, *Récidivistes, chronique de l'humanité ordinaire*, *op. cit.*, chapitre 3 et note 105.

La question de la compréhension est parfois posée de façon plus large et souvent d'ailleurs de façon caricaturale. Le juge, nous dit-on, n'aurait pas à s'interroger sur les conditions de vie de l'accusé, sur son passé, son enfance, le déroulement de sa vie, son environnement, son travail, sa famille... Il risquerait d'affadir la répression, les bons sentiments ne faisant pas une bonne justice.

Mais comment comprendre l'acte lui-même s'il n'est pas replacé dans son contexte ? Comment procéder à cette opération chirurgicale consistant à découper autour de l'infraction la vie qui l'entoure ? Même dans la conception la plus classique du droit pénal, le « mobile » est évoqué. La question du pourquoi ne peut jamais être évitée, même si la réponse est généralement impossible. Personne ne vient par hasard dans le box des accusés. Le concept d'acte gratuit fait l'objet de romans passionnants, mais il n'a aucun rapport avec la réalité. Même les statistiques policières ont dû renoncer à leur rubrique de « violences gratuites ». L'Observatoire national de la délinquance et des réponses pénales (OND) a fini par admettre en 2009, que l'expression était trompeuse : « Les violences physiques que l'OND qualifie de "non crapuleuses" ne peuvent pas être qualifiées de "violences gratuites". Il s'agit de violences dont la motivation est parfois dérisoire [...] mais la qualifier de "gratuite" serait réducteur[7]. »

On pourrait se contenter de déplorer cette inintelligence. Force est de constater que cette qualification de gratuité collait assez bien à la volonté de faire peur et de réprimer aveuglément. Si l'acte est incompréhensible, le juge n'a pas davantage besoin d'être compris. Il lui suffit de faire peur. La vérité est que tout acte de délinquance est pris dans un maillage relativement complexe de causalités. Si complexes qu'il est parfois tentant de renoncer. Pourquoi ce viol ? Pourquoi ce meurtre ? Pourquoi ce vol ? Aucun expert, aucun avocat, aucun juge n'a jamais osé dire : « parce que... » Seuls quelques charlatans proposent des causalités sur mesure. La criminologie, on l'a vu, dans ses premiers balbutiements, avait tenté ce genre de simplifications qui, aujourd'hui, font sourire. Lombroso cherchait dans le faciès des prédispositions au crime : « En général beaucoup de criminels ont les oreilles écartées, les cheveux abondants, la barbe rare, les sinus frontaux et les mâchoires

7. Bulletin mensuel OND, août 2009.

énormes, le menton carré et saillant, les pommettes larges, les gestes fréquents, en somme un type ressemblant au mongol et parfois au nègre[8]. »

Évidemment personne ne saura jamais. La question sera toujours posée. La réponse ne sera jamais apportée. Tout simplement parce que la question n'est pas la bonne. L'acte de délinquance n'est pas une mécanique. Il n'y a jamais aucune fatalité, aucun destin irrémédiable. Mais s'il n'est pas possible d'expliquer, il est possible de comprendre ou de tenter de le faire. Et pour comprendre, il n'y a d'autre moyen que d'écouter.

À titre d'exemple, prenons le cas de Rouslan A. Il est à nouveau poursuivi pour des violences. La récidive est visée, une peine plancher d'un an d'emprisonnement ferme est encourue. Une bagarre dans la rue, après une beuverie. La victime présente un arrêt de travail de six jours. Le prévenu d'une trentaine d'années parle bien, posément. Comment expliquer ces violences à répétition chez un homme manifestement doté d'une bonne intelligence ? L'audience touche à sa fin. L'homme présente des troubles alcooliques. Le tribunal s'intéresse alors à l'origine du prévenu. Il est né à Grozny, en Tchétchénie. Il n'en aurait pas parlé sans cette remarque de dernière minute, quand les débats s'achevaient. « Vous êtes né à Grozny... » On apprend alors que sa famille a été disloquée, son frère tué (« disparu ») et que lui-même a été gravement blessé par balle. Son genou a été broyé. Que faire de ces informations ? Quelles conclusions en tirer ? Mais comment ignorer les conséquences que cette vie en Tchétchénie pendant une guerre terrible a nécessairement eues sur sa personnalité ?

Chaque affaire mérite la même curiosité, le même temps, le même intérêt porté à l'homme. Personne ne pourra jamais dire ce que cette compréhension change dans la décision de justice. Personne n'osera dire qu'elle sera plus juste. Il n'y a qu'une certitude : elle sera plus humaine.

Si comprendre fait tellement peur, c'est que le juge (ou le juré) craint, à trop en savoir, de quitter son rôle de juge et de s'identifier à celui qu'il juge. À descendre trop en profondeur dans les méandres et les soubresauts d'une vie, ne risque-t-on pas d'en oublier la loi, de tout justifier ? Il faut écouter les anciens jurés raconter leur expérience : comment, pour la plupart, ils ont

8. César Lombroso *L'Homme criminel. Criminel-né, fou moral, épileptique, étude anthropologique et médico-légale* [1876], *op. cit.*, p. 181, http://cgtmurets.fr/Documents/La%20retention/homme_criminel.pdf (consulté le 14 mars 2011).

quitté leurs habits de préjugés pour découvrir un parcours de vie, un milieu, un langage, une personne. Ils n'en ont pas moins jugé. Car la justice n'est pas cette caricature d'une écoute béate de l'accusé et d'un apitoiement sur une enfance malheureuse. La réalité est tout autre mais ne peut s'expliquer sans l'expérience du procès.

Si la justice reste possible, si l'identification a ses limites, c'est que le procès n'est pas univoque. La victime y est présente et sa parole porte autant que celle de l'accusé. À l'écouter, en respectant vraiment sa parole, le risque est tout aussi fort de s'identifier à sa douleur. Peut-être même, aujourd'hui, alors que le discours victimaire est si puissant, le risque est-il encore plus évident. À suivre cette souffrance, la place de l'accusé risque de disparaître. La justice est cet équilibre-là : dans l'écoute réelle de ces paroles et de ces vies opposées. Comprendre, c'est dépasser la peur d'une identification à l'un ou à l'autre et découvrir la distance nécessaire dans cette confrontation. Il faut être au plus loin de la réelle condition humaine pour oser écrire comme André Malraux que : « Juger, c'est de toute évidence ne pas comprendre puisque, si l'on comprenait, on ne pourrait pas juger[9]. » La formule, à l'emporte-pièce, est brillante. La réalité est plus humble. On ne peut juger sans comprendre.

Une nouvelle justice humaine

Une nouvelle justice est née il y a près d'un demi-siècle, toute pétrie d'humanisme. Les hommes qui la créaient étaient de tous bords politiques. La criminalité n'était pas inconnue d'eux, loin de là. Que peut-on faire de pire que la guerre et les mille délinquances qui se développent dans son sillage ?

Justice des enfants et des adolescents

Le juge des enfants est né en novembre1945[10]. Il faut relire les premières lignes du préambule de l'ordonnance qui l'a créé. La période était bien plus noire qu'aujourd'hui. Les créateurs de cette justice-là n'étaient pas de doux

9. André Malraux, *Les conquérants*, Paris, Grasset, 1928.

10. L'esquisse en avait été ébauchée à l'orée du siècle par une loi du 22 juillet 1912 sur les tribunaux pour enfants et adolescents et sur la liberté surveillée.

rêveurs. « La guerre et les bouleversements d'ordre matériel et moral qu'elle a provoqués, précise le préambule, ont accru dans des proportions inquiétantes la délinquance juvénile. » Mais le message est clair : « La France n'est pas assez riche d'enfants pour qu'elle ait le droit de négliger tout ce qui peut en faire des êtres sains. » Il y avait, déjà à cette époque, de quoi avoir peur des enfants. La guerre leur avait déjà fait commettre le pire. Tout était à craindre. C'est précisément à cette époque que le désespoir aurait dû tout balayer. Mais ces hommes étaient grands : politiques ou juristes, ils portaient une vraie vision de l'homme qui ne se défaisait pas à la première occasion. Ils portaient les images des horreurs de la guerre et savaient mieux que quiconque ce qu'un homme peut faire, quel que soit son âge. C'est précisément cette lucidité qui leur donnait la force d'espérer et le courage d'entreprendre.

La justice des enfants est ainsi née avec la mission de sanctionner, mais aussi de comprendre, de protéger et d'aider. Elle est devenue le laboratoire d'une justice humaniste. On comprend qu'elle ait déchaîné la colère de la doctrine sécuritaire et les assauts permanents d'un pouvoir qui, depuis dix ans, n'a eu de cesse de défaire, pierre par pierre, cet édifice.

Le juge des enfants doit s'intéresser à l'individu autant qu'à l'acte. Sa mission première est de rechercher une solution éducative, non par goût personnel, mais parce que la loi le lui demande. Il doit considérer le mineur comme un être en devenir, susceptible de changer et pourquoi pas de s'améliorer. Il doit œuvrer nécessairement en équipe, au milieu de travailleurs sociaux, de psychologues, de médecins, d'assistantes sociales, etc., peut-être par goût du travail collectif, mais surtout parce que les mesures qu'il propose mobilisent la collectivité. Il dispose d'une vraie panoplie d'outils pour aider et d'autres instruments pour sanctionner, parce que la loi lui confie à la fois l'assistance éducative et le traitement de la délinquance. Il peut encore prendre un peu de temps, pour réfléchir, observer, écouter, consulter plutôt que de statuer immédiatement à l'aveugle.

Il n'y a aucun laxisme dans cette justice-là, contrairement à ce que nombre de démagogues rapportent dans tous les faux procès régulièrement intentés au tribunal pour enfants de Bobigny et à d'autres. La prison existe aussi pour les mineurs, dès l'âge de 13 ans. Depuis dix ans, la population de mineurs détenus oscille entre 700 et 800 détenus (723 au 1er février 2011), malgré toutes les réformes législatives. Une étude récemment menée au tribunal de Paris (fin 2007-début 2008) sur les mineurs « multiréitérants » (ceux ayant plus de 10 dossiers pénaux, tout juste 3 % du total), montre qu'ils ne bénéficient en aucun cas d'une quelconque impunité : 68 % ont été condamnés à de l'emprisonnement ferme.

C'est cette justice-là et plus généralement l'idée d'une justice humaniste qu'on retrouve dans la courageuse décision du Conseil constitutionnel, censurant, le 10 mars 2011 [11], la loi dite LOPPSI 2. Sont écartées plusieurs dispositions qui tendaient toutes à aligner la juridiction des enfants sur celle des adultes, et notamment celles qui créaient une « comparution immédiate » et prévoyaient l'application des peines plancher pour les mineurs. Le Conseil constitutionnel s'appuie sur la tradition juridique française et rappelle l'histoire de la justice des mineurs mais il insiste sur la spécificité de cette justice liée à son objet, s'agissant d'enfants ou d'adolescents dont la responsabilité doit être appréciée différemment. Il rappelle surtout la nécessité de s'intéresser à l'enfant, de rechercher qui il est et de prendre le temps, pour le juger, de disposer d'informations récentes, « lui permettant de rechercher son relèvement éducatif et moral ».

La justice de la peine

Le monde de la prison est aussi celui de la justice. Du moins devrait-il l'être. L'emprisonnement est prononcé par des juges. Comment pourraient-ils s'en désintéresser ? Ils sont responsables de la sanction qu'ils ordonnent. Si cette peine correspond à un souci d'amélioration ou de réinsertion du condamné, encore faut-il vérifier ce qu'il en est effectivement. On ne peut tenter d'humaniser le procès et oublier cette mission dès la fin du verdict. La justice doit donc pénétrer dans la prison pour essayer d'y faire vivre des règles respectueuses des droits de l'Homme. Telle est l'une des missions du juge de l'application des peines, créé en France en 1958. Sans entrer dans le détail de ses compétences, il lui appartient de statuer sur les libérations conditionnelles, sur de nombreuses autres mesures visant à adapter la peine (placement à l'extérieur, semi-liberté...) et sur les aménagements de peine aujourd'hui de plus en plus fréquents sous l'impulsion du gouvernement afin de désengorger les prisons. Cette mission heurte de plein fouet la doctrine sécuritaire dont les plus fervents partisans demandent une exécution

11. Décision 2011-625 du 10 mars 2011, LOPPSI.

immédiate et intégrale des peines d'emprisonnement : un système où le juge de l'application des peines n'existerait même pas.

Ces nouveaux juges sont la condition indispensable d'un fonctionnement de la prison. Celle-ci continue d'être « une humiliation pour la République ». L'expression ne vient ni d'un détenu, ni d'une association militante, elle a été pesée par de sages sénateurs qui en ont fait le titre d'un rapport extrêmement circonstancié en 2000[12]. Ceux que la pondération sénatoriale ne convaincrait pas peuvent se reporter à l'autre rapport déposé presque le même jour par une commission d'enquête de l'Assemblée nationale[13] et qui décrivait exactement la même situation. Depuis onze ans, celle-ci a peu changé, si ce n'est que le nombre de détenus est passé de 47 837 au 1er janvier 2001 à 60 544 au 1er janvier 2011 ! Les sénateurs écrivaient en 2000 à propos des maisons d'arrêts qu'elles étaient dans « une situation indigne de la patrie des droits de l'Homme ».

Que diraient-ils aujourd'hui ? L'humanisation de la peine et des prisons semble rester un vœu pour toujours irréalisable. En dix ans, d'autres constats, d'autres rapports se sont accumulés, nationaux ou internationaux, dont ceux du nouveau Contrôleur général des lieux de privation de liberté créé par une loi de 2007[14]. L'humiliation est la même. Il est plus que jamais indispensable que la justice intervienne dans les lieux de détention. Il est plus que jamais nécessaire qu'elle y joue un rôle moteur. Le Conseil de l'Europe a édicté depuis près de trente ans des règles pénitentiaires[15] qu'il serait temps d'appliquer réellement en France. Le juge de l'application des peines est l'instrument idéal pour faire pénétrer enfin le droit en prison et pour y gérer avec humanité l'ensemble des aspects de la peine. Toutes les réformes prévues vont en sens inverse ; notamment l'adjonction d'un juré au juge de l'application des peines pour statuer en matière de libération conditionnelle ou celle, proposée par l'UMP en mars 2011, de confier au procureur de la

---

12. Rapport de la commission d'enquête du Sénat nº 449 (1999-2000) de MM. Jean-Jacques Hyest et Guy-Pierre Cabanel, déposé le 29 juin 2000.

13. Rapport au nom de la commission d'enquête sur la situation dans les prisons françaises, président : Louis Mermaz et rapporteur Jacques Floch, déposé le 28 juin 2000.

14. Loi nº 2007-1545 du 30 octobre 2007 instituant un Contrôleur général des lieux de privation de liberté.

15. Nouvelle recommandation Rec(2006)2 sur les règles pénitentiaires européennes, adoptée le 11 janvier 2006 par le comité des ministres du Conseil de l'Europe.

République la responsabilité de l'exécution des peines et non plus au juge de l'application des peines : ainsi reviendrait-on à la situation d'avant 1959.

Si le juge de l'application des peines est indispensable en prison, il l'est encore plus pour toutes les peines que l'on regroupe sous la dénomination de « milieu ouvert ». Beaucoup de peines « intelligentes » ont été créées dans le dernier demi-siècle. Elles sont dites « alternatives » par référence à la prison considérée comme étalon. Le Conseil de l'Europe parle plus justement de « sanctions et mesures appliquées dans la communauté » pour éviter ce rappel et cet adossement constant à l'emprisonnement. Le sursis avec mise à l'épreuve, créé en 1959, ou le travail d'intérêt général, en 1983, sont parmi les plus connues de ces sanctions. Elles présentent l'immense avantage de maintenir le condamné dans son milieu tout en étant une véritable peine, extrêmement contraignante. Les pouvoirs publics ne s'intéressent pas assez à leur développement. Beaucoup moins coûteuses que l'emprisonnement, elles nécessitent un minimum d'investissement qu'on leur refuse pour l'instant. Pire, les lois restreignent leur usage[16]. Les juges de l'application des peines se débattent aujourd'hui dans d'inextricables problèmes de moyens, tout comme les conseillers d'insertion et de probation, chargés eux aussi de traiter ces mesures. Comment pourraient-ils mettre réellement en œuvre cette justice profondément humaine quand la priorité est constamment donnée à l'emprisonnement ?

Lors de l'affaire d'Outreau, le principal juge d'instruction chargé de l'affaire, le juge Burgaud, sanctionné pour tous les autres, eut cette défense révélatrice : « Je suis un technicien. » Il voulait, semble-t-il, dire par là que la formation qui lui avait été délivrée à l'École nationale de la magistrature était une formation de juriste et de technicien de la procédure. Effectivement, il ne lui a été fait aucun reproche de droit, pas plus qu'aux soixante magistrats qui avaient traité l'affaire. Le code de procédure pénale avait été scrupuleusement respecté. Dans sa lettre en tout cas.

À une époque où les réformes annoncées prévoient la présence d'un juré dans les affaires correctionnelles, la question se pose plus que jamais : que

16. Ainsi la loi du 12 décembre 2005 relative au traitement de la récidive des infractions pénales a restreint le champ d'application du sursis avec mise à l'épreuve pour les récidivistes.

doit être un juge ? Tant d'années d'études ne sont peut-être pas inutiles pour une matière si variée, brassant des contentieux si diversifiés. Mais, aujourd'hui, de quelle « technique » le juge a-t-il besoin ? S'il veut être ce gardien des libertés et s'acquitter de ce devoir d'humanité, de quel bagage supplémentaire a-t-il besoin ? Lui suffit-il de bien connaître la loi, de savoir bien rédiger un jugement, un réquisitoire, une ordonnance ? Est-ce assez que de respecter les prescriptions légales lors des interrogatoires et des audiences ?

L'indépendance ne s'apprend pas. L'amour des libertés non plus. L'humanité encore moins. Certes. Mais la justice, qui aurait la prétention de l'enseigner ? Où trouver un professeur ? N'y aurait-il vraiment que les lois à connaître ? Et le reste laissé au hasard des hommes ?

L'ambition n'est pas le savoir du juge mais sa culture. Dans l'immensité du droit, il est un territoire qu'il doit arpenter en fin connaisseur, c'est celui des libertés. La colonne vertébrale de son savoir juridique doit être là. Il ne doit pas « connaître » ces libertés et ces principes fondamentaux mais en être un familier. Ils constituent son territoire, sa référence originelle qui éclaire tout le reste. On ne peut bien garder qu'un pays qu'on connaît. De cette vigilance ne peut naître que la curiosité. L'école de la justice ne peut être que l'école des sciences humaines. Au-delà du doute fécond, toutes deux ont en commun ce seul objet, l'homme.

CONCLUSION
La possibilité de juger

Si juger n'était qu'une application du droit, si juger n'était que l'exercice, sur les hommes, d'un pouvoir que le juge, un autre homme, tire de la loi, ce métier serait impossible, intenable et dangereux. Il n'attirerait que des hommes de pouvoir, aux motivations inquiétantes et aux réalisations suspectes. Ce fut la justice de l'Ancien Régime, celle de la torture légale, la justice du XIXe siècle, dont Victor Hugo pouvait dire : « Grattez le juge, vous trouverez le bourreau [1] ». On pourrait affirmer que le statut du juge a radicalement changé depuis lors. Mais bien plus que son statut, c'est sa fonction même qui s'est modifiée, subrepticement, dans le sillage, presque dans l'ombre, des libertés victorieuses proclamées au milieu du siècle dernier.

Juger est infiniment plus que cet exercice juridique universitaire de l'automate de Max Weber. La justice est désormais intimement liée au régime démocratique : elle est, par essence, la mise en œuvre des droits de l'Homme et des libertés fondamentales et l'application permanente d'un devoir d'humanité. Elle ne peut exister sans eux. Malgré les décennies écoulées, cette image n'apparaît pas encore avec toute sa force. Mais cette force est en marche. Elle se nourrit d'un présent auquel elle s'adapte cons-

1. Victor Hugo, *Littérature et philosophie mêlées*, 1834.

tamment. Car les droits de l'Homme, s'ils sont, par nécessité, l'invention de quelques hommes particuliers, demeurent un patrimoine commun à tous ; un patrimoine qui s'enrichit chaque jour des combats menés en leur nom sur tous les continents, par des hommes de toute confession, de toute couleur, de toute conviction : la Cour européenne des droits de l'Homme doit développer une jurisprudence qui s'applique aussi bien à la France qu'au Royaume-Uni, à la Turquie, à l'Allemagne, à la Russie, à l'Albanie, à la Suisse, à l'Azerbaïdjan...

Réagir à temps

Le juge contemporain, encore tout étonné de son sort, de ses pouvoirs et de ses devoirs nouveaux, se trouve aujourd'hui confronté à une nouvelle menace dont les contours et le contenu n'ont pas encore été vraiment perçus par tous. Dans une fausse et folle course à une sécurité absolue, nombre de gouvernements, dont celui de la France, bouleversent les règles et les équilibres progressivement mis en place depuis des décennies, voire plus, dans nos démocraties.

La justice est en première ligne pour constater la progression de ce danger. Le juge ne fait en aucun cas partie d'une prétendue chaîne pénale, mais l'un de ses objectifs est, par son intervention et la sanction qu'il peut prononcer, de retisser un lien social déchiré par l'infraction. Il peut, dès lors, mieux que quiconque, constater l'inadéquation des solutions sécuritaires et leur inefficacité patente. Mais c'est surtout dans sa mission de sauvegarde des libertés que le juge, aujourd'hui, commettrait une faute en se taisant. La doctrine sécuritaire qui s'étend d'année en année menace les principes fondamentaux de la démocratie. Elle n'est qu'un cheval de Troie superbement décoré des meilleures intentions. Les discours sur le drame des victimes, la lutte contre la criminalité, le combat contre le terrorisme, la nécessaire tranquillité publique : qui pourraient les contester ? Mais à l'intérieur de la doctrine sécuritaire est cachée la mort de nos libertés avec ses cohortes de prisons, d'enfermements en tout genre, de surveillances de toutes sortes, de fichiers monstrueux, de contrôles permanents de procédures exceptionnelles et l'abandon de principes fondamentaux du droit.

Marc Bloch écrivait en 1940, quatre ans avant sa mort : « Je pense à ceux qui me liront : à mes fils certainement, à d'autres peut-être, un jour parmi les jeunes. Je leur demande de réfléchir aux fautes de leurs aînés[2]. » La leçon vaut pour toutes les époques, toutes les générations, tous les métiers. Elle est la nôtre aujourd'hui.

Comment réagir ?

Réagir, mais comment ? Si les juges détiennent quelques clés, la responsabilité principale est politique. La justice ne peut pas, à elle seule, arrêter cette spirale sécuritaire qui conduit à terme, mais de façon inexorable, à la disparition de nos libertés. Il est encore temps, en France, de stopper les dérives de la dernière décennie en revenant sur les lois les plus dangereuses : il y a urgence à supprimer les peines plancher, à abroger la rétention de sûreté, à revenir sur les procédures de plaider coupable... Il est encore temps de rééquilibrer l'appareil judiciaire ; lourde tâche qui suppose de renforcer les droits de la défense, de redonner aux procureurs de la République une place bien plus restreinte mais beaucoup plus sûre (en en faisant de vrais magistrats), et de restaurer, à distance suffisante, le métier de juge.

Il faudra bien changer les lois et les pratiques, mais l'essentiel est ailleurs : il est dans l'esprit des lois et le choix des valeurs. Détricoter des normes liberticides est à la portée d'un législateur habile ; quelques ministres persévérants réussiront à imposer une autre politique pénale. Mais, pour en finir avec l'idéologie sécuritaire qui fait de tout enfant turbulent un criminel en puissance, de tout homme différent un ennemi potentiel, de tout étranger un possible fauteur de trouble, de tout citoyen un suspect, il faudra bien plus qu'un vote, une loi ou une instruction. Il faudra patiemment, mais fermement, redessiner une autre image de l'homme.

La justice peut être l'un de ces lieux de résistance, de réflexion et de mobilisation contre un sécuritarisme mortifère. Le « procès équitable », cette règle féconde surgie sur les décombres du totalitarisme, n'est pas seulement une règle de procédure ; elle est la promesse d'une justice humaniste

2. Marc Bloch, *L'étrange défaite* [1940], Paris, Gallimard, coll. « Folio Histoire », 1990, http://classiques.uqac.ca/classiques/bloch_marc/etrange_defaite/etrange_defaite.html (consulté le 14 mars 2011).

et tolérante où peuvent triompher l'équilibre des arguments, l'indépendance de la pensée et le souci permanent de la dignité.

Il est encore temps de s'opposer à la peur et à la démagogie. Il est encore temps de revenir à l'homme, de redonner du temps à la justice pour remplir le rôle qui doit être le sien dans une démocratie. Juger, ce métier improbable, devient alors possible et même indispensable, pour que les droits de l'Homme deviennent une réalité et les libertés une exigence.

INDEX DES NOMS ET DES NOTIONS

TABLE DES MATIÈRES

PARTIE III
LA MONTÉE D'UN NOUVEAU PÉRIL, LE SÉCURITARISME

Partie IV
HUMANISME ET DEVOIR D'HUMANITÉ

Mise en page : Le vent se lève...

Achevé d'imprimer sur les presses de la Nouvelle Imprimerie Laballery 58500 Clamecy
N° d'éditeur : 6174 – N° fab. : 6365 – N° d'imprimeur : 103341
Dépôt légal : avril 2011

Imprimé en France